新时代中国乡村振兴战略丛书　主编　顾保国　崔友平

文化振兴

夯实乡村振兴的精神基础

顾保国　林　岩◎编著

中原农民出版社
·郑州·

图书在版编目（CIP）数据

文化振兴 ：夯实乡村振兴的精神基础 / 顾保国， 林岩编著．—郑州 ：中原农民出版社， 2019.10（2020.11 重印）
（新时代中国乡村振兴战略丛书 / 顾保国，崔友平主编）
ISBN 978-7-5542-2107-5

Ⅰ．①文… Ⅱ．①顾… ②林… Ⅲ．①农村文化—文化事业—建设—研究—中国 Ⅳ．① G127

中国版本图书馆 CIP 数据核字（2020）第 230585 号

文化振兴：夯实乡村振兴的精神基础

总　策　划　刘宏伟　朱文平
策划编辑　朱相师　丁　璞
责任编辑　彤　冰
责任校对　张晓冰
装帧设计　薛　莲　张　敏　柳淑燕

出　　版　中原农民出版社
发　　行　北京华景时代文化传媒有限公司
地　　址　郑州市郑东新区祥盛街27号　　**邮　编**　450016
发行单位　全国新华书店　　**电　话**　0371—65788655
承印单位　新乡市龙泉印务有限公司

开　　本　690mm × 980mm　1/16
印　　张　14.5
字　　数　160千字
版　　次　2019年10月第1版　　**印　次**　2020年11月第2次印刷

书　　号　ISBN 978-7-5542-2107-5　　**定　价**　48.00元

总 序

实现中华民族伟大复兴的题中应有之义

党的十九大提出实施乡村振兴战略，是以习近平同志为核心的党中央着眼党和国家事业全局，深刻把握现代化建设规律和城乡关系变化特征，顺应亿万农民对美好生活的向往，对“三农”工作作出的重大决策部署，是决胜全面建成小康社会、全面建设社会主义现代化强国的重大历史任务，是新时代做好“三农”工作的总抓手。

习近平总书记在十九届中央政治局第八次集体学习时强调指出：乡村振兴战略是党的十九大提出的一项重大战略，是关系全面建设社会主义现代化国家的全局性、历史性任务，是新时代“三农”工作总抓手。农业农村现代化是实施乡村振兴战略的总目标，坚持农业农村优先发展是总方针，产业兴旺、生态宜居、乡风文明、治理有效、生活富裕是总要求，建立健全城乡融合发展体制机制和政策体系是制度保障。这从全面建设社会主义现代化强国的高度指出了实施乡村振兴战略的重要意义和科学内涵，明确了推进农业农村现代化的思路、方向和着力点，为我们牢牢把握农业农村现代化这个总目标、准确理解农业农村现代化的时代要求提供了根本遵循和行动指南。同时，按照全面建成小康社会和“两个一百年”奋斗目标的战略规划，中共中央、国务院印发了《乡村振兴战略规划（2018—2022年）》，对乡村振兴战略的实施给予具体指导。乡村振兴战略要求高、时间紧、任务重，迫切需要地方各级党委和政府以时不我待、只争朝夕的精神，以真抓实干、力求实效的作风，推动乡村振兴战略取得切实有效进展。

在推进乡村振兴战略中，发挥省市县乡村五级书记以及乡村振兴其他管理干部的作用尤为关键，他们迫切需要对乡村振兴战略的重大理论和实践问题进行全面学习。为此，我们专门组织编写了“新时代中国乡村振兴战略丛书”，以问题为导向，深层次、全方位地阐发乡村振兴战略的实施原则、实施模式、实现路径，希望为省市县乡村管理干部提供政策分析、管理方法、实施方案等内容，推动各级管理干部能够以更坚定的自信、更丰富的知识、更饱满的精神、更踏实的作风、更有效的举措，扎扎实实在乡村振兴战略中作出新的更大贡献。

“新时代中国乡村振兴战略丛书”涵盖了与乡村振兴相关的产业振兴、人才振兴、文化振兴、生态振兴、组织振兴，同时又涵盖了具体实施举措中的七方面内在要求，包括重塑城乡关系、巩固和完善农村基本经营制度、深化农业供给侧结构性改革、坚持人与自然和谐共生、传承发展提升农耕文明、创新乡村治理体系、打好精准脱贫攻坚战。本套丛书共12册，主要内容有：

一、《产业振兴：绿色安全、优质高效的乡村产业体系建设》

产业振兴是乡村振兴的物质基础。产业兴，则经济兴、农村兴。本书分析指出，乡村产业振兴，就是要形成绿色安全、优质高效的乡村产业体系，为农民持续增收提供坚实的产业支撑；要坚守耕地红线，严格划定和永久保护基本农田，建立完善农业生态补偿制度，始终绷紧国家粮食安全这根弦；要实施质量兴农、绿色兴农、品牌兴农战略，大力发展现代高效绿色农业，加快转变农业生产方式，提高农业供给体系的质量和效益，全面推进农业农村现代化；要充分挖掘和拓展农业的多维功能，促进农业产业链条延伸以及农业与工业、现代物流、文化创意、旅游观光、电商的深度融合，推动农村一二三产业融合发展。

二、《人才振兴：构建满足乡村振兴需要的人才体系》

人才振兴是乡村振兴的关键因素。实现乡村全面振兴，人是最关键、最活跃、起决定性作用的因素。乡村人才振兴的关键，就是要让更多人才愿意来、留得住、干得好、能出彩。本书分析指出，要创造有利于各类人才成长和发挥作用的良好环境，要有一个良好的制度安排，把现有农村各类人才稳定好、利用好，充分发挥现有人才的作用；要积极创造条件，鼓励城市企业家、高校毕业生和各类人才到乡村创新创业，大力支持“城归”群体和外出农民工回乡创业就业；整合社会力量开展农村人才培养，切实做好农村干部、农民企业家、新型农业经营主体和农民的培训工作。

三、《文化振兴：夯实乡村振兴的精神基础》

文化振兴是乡村振兴的精神基础。如果文化衰败，不文明乱象滋生，乡村就难以获得持续繁荣。本书分析指出，促进乡村全面振兴，必须坚持物质文明和精神文明一起抓，以社会主义核心价值观为引领，加强村风民俗和乡村道德建设，倡导科学文明健康的生活方式，传承发展农村优秀传统文化，健全农村公共文化服务体系，培育文明乡风、良好家风、淳朴民风，促进农耕文明与现代文明有机结合，实现乡村文化振兴。同时，还强调要保护好传统村落、民族村寨、传统建筑，用心留住文化记忆，将乡村文化融入乡村规划、景观设计和村庄建设之中，充分体现村庄特色和乡土风情。

四、《生态振兴：建设新时代的美丽乡村》

生态振兴是乡村振兴的重要支撑。本书分析指出，乡村生态振兴，要实现农业农村绿色发展，打造山清水秀的田园风光，建设生态宜居的人居环境；要全面改善农村人居环境，建设功能完备、服务配套、美丽宜居的新乡村；要加强农村生态建设和环境综合治理，尤其要加大农村面源污染、垃圾污水治理力度，推进农村“厕所革命”；要实施化肥、农药使用减量行动计划，采取总量控制与强度控制相结合的办法，推动化肥、农药等使用总量和强度实现持续快速下降。

五、《组织振兴：构建新时代乡村治理体系》

组织振兴是乡村振兴的保障条件。乡村组织振兴，就是要培养造就一批坚强的农村基层党组织和优秀的农村基层党组织书记，建立更加有效、充满活力的乡村治理新机制。本书分析指出，要着力加强党在基层的领导力量，打造千千万万个坚强的农村基层党组织，培养千千万万名优秀的农村基层党组织书记；要建立符合中国国情、更加完善有效、多元共治的新型乡村治理体系；要进一步深化村民自治实践，强化信息公开和村民参与，全面推进基层民主治理和依法治理，促进治理方式和手段多元化，因地制宜探索各具特色的治理模式；要将自治、法治与德治相结合，走乡村善治之路，确保乡村社会充满活力、安定有序。

六、《城乡融合发展之路：重塑城乡关系》

重塑城乡关系，必须走城乡融合发展之路。本书分析指出，要把公共基础设施建设的重点放在农村，逐步建立健全全民覆盖、普惠共享、城乡一体的基本公共服务体系；要坚决破除体制机制弊端，疏通资本、智力、技术、管理下乡渠道，加快形成工农互促、城乡互补、全面融合、共同繁荣的新型工农城乡关系。

七、《共同富裕之路：巩固和完善农村基本经营制度》

实施乡村振兴战略，必须巩固和完善农村基本经营制度，走共同富裕之路。本书分析指出，要坚持农村土地集体所有，坚持家庭经营基础性地位，落实农村土地承包关系稳定并长久不变政策，衔接落实好第二轮土地承包到期后再延长30年的政策，让农民吃上长效“定心丸”。巩固的内容主要有两点，一是农村土地集体所有，二是家庭承包经营，这两点是不变的，党的十九大也已经确定了承包地延包30年。但是随着现代农业的快速发展，农村的基本经营制度也需要完善，规模农业、土地托管也成为一种趋势。因此，出现了土地所有权、承包权、经营权“三权”分置的情况，让农村的土地经营权可以流转、抵押、贷款等，未来的政策会进一步释放农村土地的活力。

八、《质量兴农之路：深化农业供给侧结构性改革》

实施乡村振兴战略，必须深化农业供给侧结构性改革，走质量兴农之路。本书分析指出，要顺应农业发展主要矛盾变化，深入推进农业供给侧结构性改革，加快推进农业由增产导向转向提质导向，加快实现由农业大国向农业强国转变；要推进农村一二三产业融合发展，让农村新产业新业态成为农民增收新亮点、城镇居民休憩新去处、农耕文明传承新载体。

九、《乡村绿色发展之路：坚持人与自然和谐共生》

实施乡村振兴战略，必须坚持人与自然和谐共生，走乡村绿色发展之路。本书分析指出，要以绿色发展引领生态振兴，处理好经济发展和生态环境保护的关系，守住生态红线；要统筹山水林田湖草系统治理，加强农村突出环境问题综合治理，建立市场化多元化生态补偿机制，增加农业生态产品和服务供给。

十、《乡村文化兴盛之路：传承发展提升农耕文明》

实施乡村振兴战略，要传承发展提升农耕文明，走乡村文化兴盛之路。本书分析指出，要深入挖掘、继承、创新优秀传统乡土文化，把保护传承和开发利用有机结合起来，让优秀农耕文明在新时代展现其魅力和风采。在乡村的环境上，要加大整治力度，打造宜居宜人的农村生活环境。在一二三产业融合上，利用农村特有的优势，打造生态产业，打造集循环农业、创意农业、农事体验于一体的田园综合体，打造乡村休闲旅游产业等。

十一、《乡村善治之路：创新乡村治理体系》

实施乡村振兴战略，要创新乡村治理体系，走乡村善治之路。本书分析指出，要建立健全党委领导、政府负责、社会协同、公众参与、法治保障、科技支撑的现代乡村社会治理体制，健全党组织领导的自治、法治、德治相结合的乡村治理体系；要造就一支懂农业、爱农村、爱农民的“三农”工作队伍。

十二、《中国特色减贫之路：打好精准脱贫攻坚战》

实施乡村振兴战略，要打好精准脱贫攻坚战，走中国特色减贫之路。本书分析指出，脱贫攻坚进入啃硬骨头的决战决胜阶段，要把提高脱贫质量放在首位，注重扶贫与扶志扶智相结合，瞄准贫困人口精准帮扶，聚焦深度贫困地区集中发力，激发贫困人口内生动力；扶贫强调“精准”

二字，要通过产业扶持、生态补偿、易地搬迁、发展教育、社会保障等方式，确实保障全面建成小康社会一个人都不能掉队。

以上 12 本书在内容上涵盖了实施乡村振兴战略的重大理论与实践问题。丛书的撰写会聚了国内相关领域的权威专家和学者，历时一年多的时间完成初稿，并经专家委员会论证、修改、完善，最后由中原农民出版社审定出版。在丛书的撰写和完善过程中，我们牢牢把握丛书主要是面向省市县乡村五级书记以及乡村振兴其他管理干部、乡村振兴战略研究者等，内容力求通俗易懂。同时，以在乡村振兴战略实施过程中涌现出来的典型为基础，采用纪实文学的创作模式，构建乡村振兴战略典型模式，为读者提供具有实践意义的指导。在具体的结构上，文字叙述中穿插大量的结构化、模块化图文，在章节中设置了知识链接、专家观点、典型案例、延伸阅读、深度思考等板块。可以说，这套丛书对省市县乡村五级书记和乡村振兴其他管理干部全面了解乡村振兴战略具有很好的学习参考价值。

作为党刊理论工作者，我深深地为中华民族实现从站起来到富起来再到强起来的伟大飞跃而倍感自豪；深深地为中国共产党人“不忘初心、牢记使命”，正确处理工农关系、城乡关系而倍感骄傲；深深地为以习近平同志为核心的党中央提出实施乡村振兴战略带领亿万中国农民走向共同富裕而倍感荣光。作为丛书主编，我对参与本书策划、撰稿、出版的各位专家领导表示深深的感谢，感谢他们为实施乡村振兴战略贡献智慧和力量。同时，由于时间紧张，对实施乡村振兴战略的理论问题研究还有待进一步深入，案例还有待进一步总结凝练，也请各位读者多多包涵。我们将在今后继续努力，力求为实施乡村振兴战略推出更多有实践指导价值的研究成果。

习近平总书记指出：中国要强，农业必须强；中国要美，农村必须美；中国要富，农民必须富。没有农业农村现代化，就没有整个国家现代化以及把乡村振兴战略作为新时代“三农”工作总抓手。全面建成小康社会、建设社会主义现代化强国，一步也不能离开乡村振兴。没有乡村振兴，就没有中华民族的伟大复兴。让我们一同携起手来，为实现中华民族伟大复兴而全面推进乡村振兴！

红旗文稿杂志社社长　顾保国

2019 年 8 月

前言

时代赋予使命，使命呼唤作为。中国特色社会主义进入新时代，社会主要矛盾发生变化，转化为人民日益增长的美好生活需要和不平衡不充分的发展之间的矛盾。新时代中国共产党的使命就是高举中国特色社会主义伟大旗帜，着力解决好发展不平衡不充分的矛盾，决胜全面建成小康社会，为实现中华民族伟大复兴的中国梦而努力奋斗。为解决好这一主要矛盾，中国共产党提出了一系列新的发展战略和战略安排，乡村振兴战略应运而生。

规划引领未来，行动践行梦想。党的十九大报告提出了实施乡村振兴战略，这一宏伟规划为新时代农村经济社会全面发展提供了科学指导。进入新 时代，乡村可以大有作为。从产业到环境，从人力到市场，乡村有着得 天独厚的条件。百舸争流，奋楫者先。在信息技术和产业变革推动下，大力推动乡村振兴不仅是解决当前我国农村发展面临的现实问题，也是实现农村经济社会全面发展和整个社会全面发展的必然选择，更是我国加快推进现代化建设，实现中华民族伟大复兴的中国梦的必然要求。

“设神理以景俗，敷文化以柔远”，文化在人的精神思想、社会能力培养方面具有深远影响。实施乡村振兴战略，文化振兴必当先行。

改革开放 40 多年来，农村经济社会发生巨变，农民生产生活方式明显改观，生活水平大幅提升，但是，与之形成鲜明对比的是，农村精神文化发展相对滞后，制约了农村的进一步发展。因此，党的十九大明确把乡风文明作为乡村振兴的目标和要求，把加强农村文化建设作为新时代乡村振兴战略的重要部署。充分认识到农村文化繁荣在新农村建设中的作用，以一种更加积极、主动的姿态去推动乡村文化振兴，重视解决好农村精神和文化的现实问题，让文化在促进农村产业兴旺、生态宜居、乡风文明、治理有效、生活富裕等方面发挥重要作用，建设农民的精神家园，夯实乡村振兴的精神基础成为新时代农村工作的重心。

没有文化的振兴，难有民族的复兴。正如习近平总书记指出的那样，文化兴国运兴，文化强民族强。走中国特色社会主义乡村振兴道路，让农业成为有奔头的产业，让农民成为有吸引力的职业，让农村成为安居乐业的美丽家园，必须加强农民的精神建设，提振农民的精气神，培育农民的文化自信，让农村成为一个有吸引力、有生气的美丽家园。一方水土，哺育了一方百姓；一方水土，涵育着一种精神。在乡村振兴中推动文化振兴，是用美丽乡村托起美丽中国、建设农民精神家园的根本要求，是历史赋予当代农村建设的神圣使命。随着这一进程，中华文明将会在华夏大地蓬勃复苏，将会大步走向世界，成为影响世界的重要力量。同时，乡村文化振兴，必将推进农村经济和文化双重丰收，加速推进中华民族伟大复兴的进程。

编著者

2019 年 9 月

目 录

第四章 以文入心，固本浚源

第五章 物以载道，文以立心；两个文明，同频共振

第六章 价值引领，铸魂化人；明确指向，凝神聚力

第七章
根脉为基，传承精神；淳厚底蕴，滋养乡情

第八章
共参共建，载体育人

第九章
文明风貌，道德化人

第十章 文化融入，特色打造

第一章

乡村振兴，文化先行

一个国家、一个民族的强盛，总是以文化兴盛为支撑的，中华民族伟大复兴需要以中华文化发展繁荣为条件。文化是一个国家、一个民族的灵魂。文化兴国运兴，文化强民族强。没有高度的文化自信，没有文化的繁荣兴盛，就没有中华民族伟大复兴。必须坚持中国特色社会主义文化发展道路，激发全民族文化创新创造活力，建设社会主义文化强国。

进入新时代，我国经济社会发展面临新挑战，提高发展平衡性和协调性成为当代中国发展的新使命。要加快推动乡村振兴，建立健全促进城乡融合发展的体制机制和政策体系，带动乡村产业、人才、文化、生态和组织振兴。要推动物质文明和精神文明协调发展，不断提升人民文明素养和社会文明程度。

一、乡村振兴，文化铺路

文化是民族的根，也是乡村的魂。党的十九大报告首次提出实施乡村振兴战略，并明确提出了产业兴旺、生态宜居、乡风文明、治理有效、生活富裕的总要求。这个总要求清晰绘就了实现乡村振兴的宏伟蓝图。乡风文明既是乡村振兴的一个重要目标，又是乡村振兴的灵魂和保障，在乡村振兴战略中具有重要作用。这一目标的实现，是一个渐进的历史过程，是与乡村文化振兴相互统一、相互促进的历史过程。

实施乡村振兴战略，农村繁荣与振兴被摆上了全党全社会的重要工作日程。实施乡村文化振兴行动，推动乡村文化繁荣兴盛无疑成为乡村振兴题中要义，并贯穿实现农业农村现代化全过程。而文化作为一种更基本、更深沉、更持久的力量，以其先导性、战略性为乡村振兴战略提供了精神激励、智慧支持和道德滋养。

美国管理学家彼得提出了著名的短板理论。短板理论强调盛水的木桶是由许多块木板箍成的，盛水量也是由这些木板共同决定的。若其中一块木板很短，则盛水量就被短板所限制，这块短板就成了木桶盛水量的“限制因素”。因此，在他看来，决定一只木桶盛水多少的不是取决于木桶最长的那块板，而是取决于构成木桶最短的那块板。当前，文化是新农村建设的短板，文化建设滞后已经成为阻碍当代新农村建设全面发展的重要瓶颈，影响和制约着新农村经济社会全面发展及全面建成小康社会的进程。因此，乡村振兴背景下以乡风文明为目标，推动农村文化繁荣发展是我国现代化和农业农村现代化进程中补短板的必然选择，在乡村振兴战略实施过程中具有重大而深远的意义。

专家观点

感谢农民

习近平总书记指出，任何时候都不能忽视农业、忘记农民、淡漠农村。40 多年来，从支持农民“大包干”，到彻底取消农业税，从脱贫攻坚，到乡村振兴，依靠农民、造福农民始终是我们党不变的初心。感谢农民的奉献，肯定农民的价值，不仅要承农民的情、记农民的好，还要谋农民的福。面对仍然存在的农民弱势、农业短腿、农村落后的状况，面对发展中的“不平衡”“不充分”，我们要带着感情、带着责任、带着义务，尊重农民、帮助农民、支持农民，让亿万农民与全国人民同步进入小康社会，平等参与现代化进程、共同分享现代化成果。

——农业农村部党组书记、部长　韩长赋

（一）推动乡村文化繁荣兴盛是农村全面建成小康社会的必然选择

文化是一个国家、一个民族的灵魂，是一个国家、一个民族立于世界之林的根本。习近平总书记强调，一个国家、一个民族的强盛，总是以文化兴盛为支撑的，中华民族伟大复兴需要以中华文化发展繁荣为条件。当前，中国正处在中国特色社会主义发展的伟大征程上，实现中华民族伟大复兴的中国梦，全面建成小康社会离不开文化的繁盛发展。全面建成小康社会是实现中华民族伟大复兴中国梦的关键一步。“小康不小康，关键看老乡”，农村已成为我国全面建成小康社会的重点领域。进入新时代，经过改革开放 40 多年来的发展，农村物质生活条件有了极大改善，但文化文明程度却相对滞后，影响和制约着农村发展。农村文化建设是乡村振兴的重要领域，是新时代我国文化发展的主战场。推动乡村文化繁荣兴盛，直接关系到全面小康社会的建设，关系到整个国家文化强国建设的进程和水平，关系到国家现代化进程。

高度重视城乡之间、区域之间、人群之间的文化协调发展，大力推动农村文化繁荣发展，丰富农民的精神生活，显得尤为重要。

（二）推动乡村文化繁荣兴盛是实施乡村振兴战略的现实要求

改革开放40多年来，在各级政府的重视和领导下，农村文化建设取得了不少成果，如文化基础设施建设、农村文化活动等方面明显改观，农村的文化氛围得以改善，农民的文化生活得以丰富。但是，不容忽视的是，乡村文化在城镇化、工业化的进程中出现了不同程度的衰落。长期以来，城乡二元结构导致的城乡发展差距，不仅体现在乡村居民收入差距上，更体现在公共文化服务和社会福利保障上。把乡村文化振兴行动与乡村经济发展、社区公共服务体系构建和生态环境保护结合起来实施，这不仅是“抓重点、补短板、强弱项”的重要举措，更是解决城乡文化不平衡不充分发展矛盾的重要抓手。

（三）推动乡村文化繁荣兴盛是顺应广大农民美好生活需要的新期待

文化兴国运兴，文化强民族强。进入新时代，随着社会主要矛盾的历史性变化，乡村居民的美好生活需要也日益广泛，不仅对物质文化生活提出了更高要求，而且在民主、法治、公平、正义、安全、环境等方面的要求日益增长。我们要坚持农业农村优先发展，按照产业兴旺、生态宜居、乡风文明、治理有效、生活富裕的总要求，着力解决好城乡发展不平衡不充分问题，大力提升发展质量和效益，更好满足农民群众新期待，更好推动人的全面发展、社会的全面进步。

二、乡村振兴，关键在人

无论是城市还是乡村，发展的关键在于人。国内外的历史经验告诉我们，高素质的人才队伍是企业乃至国家社会发展的最重要的财富。当前，乡村振兴战略实施是基于前期改革开放 40 多年来农村发展成就基础上，改革攻坚的难度大、任务重，需要有新思路、新办法。攻坚克难的特殊使命对新时代人才提出了新要求，实施乡村振兴战略需要有文化、懂技术、会经营的新型农民。农民是乡村振兴的主体，也是受益者，必须把亿万农民群众的积极性、主动性、创造性调动起来，让广大农民主动大胆积极地投身到乡村振兴中来，让他们拥有自豪感与获得感，这是实施乡村振兴战略的有力抓手和最终目标。

人才是坚持农业农村优先发展、实现乡村振兴的战略资源。造就农村人才队伍，是推动乡村振兴战略的重要举措。

（一）培育本土化的“三农”人才是乡村振兴的重要内容和依托

要培育带头人、致富能手和人才，这部分人是农村发展的中坚力量，用好这部分人对农村发展至关重要。一方面大力培养乡土人才，特别是致富带头人和农村实用人才，通过他们来带领群众发展生产、搞好村庄建设。开展农村实用人才的培训、新型农民的培训，积极培育本土人才。另一方面要通过各种政策，把外出的能人引回来，把城里的人才引下来，为农村发展吸纳人脉和资源。

中国大学生“逆流”乡村当“扶贫创客”，赋能农村经济。舞狮、拔河、赛苗歌……湖南省湘西州花垣县花垣镇卧坝村里年味格外浓。

“往年每逢佳节村里静悄悄，从来没这么热闹过。”村民梁辉感慨道。这场由“黑土麦田”的“扶贫创客”王艺儒等发起的卧坝首届元宵联欢会，吸引了周边数千名村民观看，大家都怀念以前过节那个热闹劲儿。毕业于新加坡国立大学的王艺儒，2017 年底联系的苗绣项目销售额达 12 万余元，大家一致同意拿出利润结余的 7000 元办了这场热闹的元宵联欢会，旨在倡导中国青年投身公共服务事业。助力脱贫攻坚的“黑土麦田”是经中国民政部批准的精准扶贫公益组织，2016 年 4 月该组织推出“乡村创客”计划，每年资助一批海内外顶尖高校的优秀毕业生以“扶贫创客”“村支书助理”等身份到农村从事至少两年的扶贫工作。2017 年 8 月，王艺儒和搭档秦焕琼以“扶贫创客”的身份走进了卧坝村。“2016 年我多方联系了苗绣项目，订单分给了花垣县民族民间工艺美术厂和合兴村的苗绣合作社。”王艺儒说，“工艺美术厂的多种产品曾被中国国家博物馆作为珍品收藏，这个订单让渐显颓势的工艺美术厂重现活力，订单销售额达 9 万余元。”“黑土麦田”提供的数据显示，截至 2017 年 8 月，该组织的“扶贫创客”已提供总计超过 10 万小时的服务，带领村民成立合作社 12 个，通过发展当地产业为村民创收 100 多万元，为贫困村引入超过 800 万元的投资。

专家观点

发挥农民在乡村振兴中的重要作用

虽然乡村振兴是国家战略，是自上而下提出的乡村发展总要求，但是乡村振兴不能没有村民的参与。如果农民在这场关乎自己家乡建设和自身利益的乡村建设和发展中集体“失语”，将会导致乡村振兴成为纸上谈兵，或者只是发展了样板，或者仅仅增加了摆设。在未来各地落实中央关于乡村振兴的战略部署中，务必发挥农民的主动性，激活村民的活力和潜力，采取自下而上和自上而下相结合的方式制订具体村庄的振兴规划和方案，使村民积极为乡村勾勒发展蓝图献计献策、参与乡村的有效治理、把良好乡风融入自身习惯、为乡村的“富强、民主、文明、和谐、美丽”贡献自身力量。

——中国农业科学院农业经济与发展研究所研究员　刘合光

知识链接

“乡村创客计划”

“90后”创客王世超推出“乡村创客计划”，引导广大青年创业者进入农村，进行创业和扶贫。王世超解释说，所谓“乡村创客计划”，就是鼓励支持一批高等学校的优秀毕业生和大学生到湛江农村从事为期一到两年的精准扶贫（产业扶贫和思想扶贫）和创业创新，并为入选的“乡村创客”提供强劲的薪资保障、专业的能力培训、丰富的履职支持、多元的出路选择，让湛江有志青年能够安心去农村追逐梦想，并高效地为乡村的发展创造可持续的贡献。

（二）借助外来力量是当前实现农村文化繁荣发展的重要环节

现阶段发展农村文化，需要“输血”。国家、社会、个人通过各种渠道方式参与到农村文化建设中来是壮大“三农”人才队伍的重要举措。目前已经采取的做法包括组织城市党政机关、企事业单位、大专院校、社会团体以及新经济组织和新社会组织，与村镇开展结对共建活动，帮助建设公共设施、治理村容村貌、改善文化条件、发展社会服务。倡导文艺工作者深入农村，创作富有乡土气息、讴歌农村时代变迁的优秀文艺作品。引导文化工作者深入乡村，为农村基层工作者开展健康有益、喜闻乐见的文化服务。制定有利于各类文化艺术类大中专学生专业人才奔赴农村的激励政策，为农村文化输入新鲜血液。要继续探寻新思路、新方法，壮大“三农”人才工作队伍。

“绿领”入村，引来“源头活水”。在位于重庆璧山县七塘镇四合村的步步康农业发展有限公司内，火龙果种植大棚、百香果种植区、热带水果园、生态鱼塘、特色农家乐……农旅结合带来的农业新业态令人眼界大开。“规模农业如果不与体验和观光旅游融合，要赚钱是很困难的。”该公司负责人胡耀说，“这是我搞了几年农业的体会。”2013年，胡耀来到重庆璧山流转了300亩土地，创办了步步康农业发展有限公司，种植了火龙果、百香果、青木瓜、杧果、菠萝等10多种热带水果，让游客走进果园，既观光又采摘，体验农业旅游的乐趣。

在福禄镇红山村重庆嘉之树农业有限公司的柑橘示范基地，这里的柑橘树种植方式与别的地方不同，宽阔的山地上，柑橘树整齐按行排列，每行之间间隔两三米。“现在的距离和高度，主要是方便农机开进去工作。”该公司负责人蔡金东到福禄镇流转了530余亩土地，种植血橙、脐橙、沃柑等10余个品种，都是按照这个标准种植的。“这个村本来就有种植柑橘的传统，我们来了之后，也帮助村民管护好果树，带动更多村民增收致富。”蔡金东说。

像胡耀、蔡金东一样，近年来，不少外来“绿领”来到璧山投身于美丽乡村建设，实现了传统农业发展与现代企业经营理念的融合，创造了多种乡村振兴的新模式、新经验、新典型。

知识链接

“绿领”

“绿领”是指从事现代农业、绿色产业的新型农民群体，从事“三农”产业，与绿色产业打交道的新型农民、新型农技员、新型家庭农场主统称为“绿领”。“绿领”和传统农民一样，都出自传统农业，但又不同，“绿领”用新技术、新手段、新办法从事现代农业。“绿领”一般为年富力强、具有一定农业专业知识的新型农民群体，包括：受过系统性的农业职业培训、毕业于农业专科院校的学生；掌握一定的农业知识和农业技术，并在农村开办家庭农场的农村创业者；在现代农业细分领域内具备较强专业性的特殊工种，如种植管理员、农机手、互联网电商从业者等。相较于传统农业，“绿领”人群更富有现代农民“有知识、有技术、有能力”的特征，并且热爱农业，愿意投身于乡村建设中。

典型案例

唐村镇有个新乡贤社区

2018 年，山东省邹城市唐村镇“新乡贤社区”揭牌。“成立这样一个社区，就是要搭建一个乡贤工作的新平台，用乡贤文化凝聚道德力量，提升群众素质，推动社会进步。”唐村镇党委书记高胜说。

走进镇上的“邹鲁乡贤馆”，浓浓的文化气息扑面而来。邹鲁之地是儒家文化发祥地，乡贤文化绵延不绝。馆内展有唐村镇推选、培养的数十名新乡贤的照片，他们灿烂的笑脸尤为醒目。这些人，正成为乡村振兴中一股不可或缺的力量。

为什么如此重视发挥乡贤力量？高胜说，前几年调研发现，一个村里小学二年级的 41 名学生中，竟然有 8 名学生的父母离异。由于超出党务村务范围，村委会在解决这些孩子的家庭问题、给孩子们送关爱上遇到了“尴尬”。还有诸如移风易俗等一些其他事务，尽管村干部很卖力，但是很多村民就是不买账。

“经过调研发现，一些退休干部、退休职工、老教师和老医生等，德高望重、有威信，做事公道、能服人，与群众沟通往往更到位。”高胜说。

从2016年起，唐村镇启动“儒风唐韵”新乡贤文明行动，以乡情和文化为纽带，充分发挥乡贤的作用，传家风、转民风、保平安、促发展、惠民生，推动乡村治理再上台阶。

前葛村乡贤葛春顺出任村红白理事会总理事后，积极推动移风易俗，新事新办。办丧事时由理事会统一发放孝章、白纸花，仪式一律从简，实施新办法后第一户办丧事的村民就省下了1.2万，村民一算账，纷纷表示支持。

西颜村村委会专门腾出一间房子，为64岁的退休职工齐如松成立了“如松工作室”，并设立了乡贤参事会，制定了规范的活动章程和制度。

“用百姓的话，说百姓的理儿；用百姓的法儿，办百姓的事儿。”齐如松颇有心得。

如今的唐村镇，子女不孝顺、年轻人啃老、兄弟关系离散等现象越来越少了。“村民听到的，不是村干部的吆三喝四，而是循循善诱、和风细雨，问题就容易解决。”邹城市文化馆原馆长刘向宏说，“文化的力量是无穷的。”

每年端午节，唐村镇29个村都会为65岁以上的老人举办“敬老幸福餐”。各村在文化广场上搭起戏台、扎起凉棚，晚辈们端上丰盛的饭菜，让老人们边吃边聊。王炉村5位乡贤人士自发成立了“梦想基金会”，连续5年为村里新考上大学的学生发放助学金。走进村里，家家户户的大门口都挂着一个小小的“家训”牌，写着优秀家风格言或励志警句。

村镇先后打造了潘榛图书馆、乡贤文化展览馆、乡贤公园、潘氏家祠等场所集中展示乡贤文化，举办了中国新乡贤唐村论坛、乡贤新春茶话会、新乡贤评选等活动，成立孟子研究院家长教育学校唐村分校。乡贤文化正在成为唐村镇的一张名片。

高胜介绍，为把工作进一步做实做细，镇党委明确把“深入推进新乡贤文明行动”写进镇党委有关文件中，并完善新乡贤选任、培训、管理办法，建立乡贤列席村“两委”会议和村民代表会议制度。镇上还开办新乡贤讲堂，提升乡贤教化乡民、润泽乡风的能力水平。“原本晚上 9 点下课，但讲到 10 点了大家还听得意犹未尽，不愿散去。”高胜说。

在参观唐村镇新乡贤治理成果后，北京航空航天大学人文与社会科学高等研究院教授姚中秋兴奋地说：“新乡贤在转变乡村社会风气、推动乡村治理中，有着得天独厚的优势。”

（《人民日报》2018 年 2 月 6 日）

（三）要为人才提供良好的生存发展环境和条件

2018 年 6 月 14 日下午，习近平总书记在山东省济南市章丘区考察时说：“乡村振兴，人才是关键。要积极培养本土人才，鼓励外出能人返乡创业，鼓励大学生村官扎根基层，为乡村振兴提供人才保障。”人的生存环境包括物质和精神两种要素。在物质要素上，要使乡村能吸引人，留住人，就要打造人人向往的农村人居环境。

2018 年 3 月 8 日，习近平总书记在参加全国“两会”山东代表团审议时强调，要推动乡村人才振兴，把人力资本开发放在首要位置，强化乡村振兴人才支撑，加快培育新型农业经营主体，让愿意留在乡村、建设家乡的人留得安心，让愿意上山下乡、回报乡村的人更有信心，激励各类人才在农村广阔天地大施所能、大展才华、大显身手，打造一支强大的乡村振兴人才队伍，在乡村形成人才、土地、资金、产业汇聚的良性循环。现阶段，要从实际出发，因地制宜地考虑优化村庄布局问题。对于有条件的村庄，主要是通过基础设施建设、公共服务提供，为农民的生产生活创造条件。对于有历史和文化价值的村庄要加以保护，对于没有生存条件的村庄要实施易地搬迁。搞好农村生态环境建设，把农村建成美丽新家园，成为乡愁的凝结地。在精神上，加强农村文化建设，丰富农村文化生活，切实提升农民精气神，改变农村的精神风貌，让农民获得实实在在的获得感和幸福感。通过这些举措，把人引来，把人留住，把产业振兴的各项举措落到实处。

培育新型农民是实施乡村振兴战略的基本要求。农村基层普通群众这个群体是乡村振兴的主力，他们的科学文化素质和素养影响了乡村发展的未来。这就要求深入推进农村精神文明创建活动，扎实开展好家风、好家训活动，持续开展好媳妇、好儿女、好公婆等评选表彰活动，培育与社会主义核心价值观相契合、与社会主义美丽乡村建设相适应的优良家风、文明乡风。创新乡贤文化，弘扬善行义举。提升农民政治参与意识，关心公共事务，在自治、法治、德治相结合的乡村管理中涵养现代文明素质。

乡村振兴，关键在人。人的素养和能力的提升关键在于文化振兴。实施乡村振兴战略为乡村文化发展提供了广阔空间。发展乡村文化对乡村振兴战略有着积极推动作用，开展乡村文化振兴行动，提升农民文明素养，有助于牢固乡村振兴的根本。

要推动乡村文化振兴，加强农村思想道德建设和公共文化建设，以社会主义核心价值观为引领，深入挖掘优秀传统农耕文化蕴含的思想观念、人文精神、道德规范，培育挖掘乡土文化人才，弘扬主旋律和社会正气，培育文明乡风、良好家风、淳朴民风，改善农民精神风貌，提高乡村社会文明程度，焕发乡村文明新气象。

知识链接

繁荣兴盛农村文化，焕发乡风文明新气象

乡村振兴，乡风文明是保障。必须坚持物质文明和精神文明一起抓，提升农民精神风貌，培育文明乡风、良好家风、淳朴民风，不断提高乡村社会文明程度。

加强农村思想道德建设。以社会主义核心价值观为引领，坚持教育引导、实践养成、制度保障三管齐下，采取符合农村特点的有效方式，深化中国特色社会主义和中国梦宣传教育，大力弘扬民族精神和时代精神。加强爱国主义、集体主义、社会主义教育，深化民族团结进步教育，加强农村思想文化阵地建设。深入实施公民道德建设工程，挖掘农村传统道德教育资源，推进社会公德、职业道德、家庭美德、个人品德建设。推进诚信建设，强化农民的社会责任意识、规则意识、集体意识、主人翁意识。

传承发展提升农村优秀传统文化。立足乡村文明，吸取城市文明及外来文化优秀成果，在保护传承的基础上，创造性转化、创新性发展，不断赋予时代内涵、丰富表现形式。切实保护好优秀农耕文化遗产，推动优秀农耕文化遗产合理适度利用。深入挖掘农耕文化蕴含的优秀思想观念、人文精神、道德规范，充分发挥其在凝聚人心、教化群众、淳化民风中的重要作用。划定乡村建设的历史文化保护线，保护好文物古迹、传统村落、民族村寨、传统建筑、农业遗迹、灌溉工程遗产。支持农村地区优秀戏曲曲艺、少数民族文化、民间文化等传承发展。

加强农村公共文化建设。按照有标准、有网络、有内容、有人才的要求，健全乡村公共文化服务体系。发挥县级公共文化机构辐射作用，推进基层综合性文化服务中心建设，实现乡村两级公共文化服务全覆盖，提升服务效能。深入推进文化惠民，公共文化资源要重点向乡村倾斜，提供更多更好的农村公共文化产品和服务。支持“三农”题材文艺创作生产，鼓励文艺工作者不断推出反映农民生产生活尤其是乡村振兴实践的优秀文艺作品，充分展示新时代农村农民的精神面貌。培育挖掘乡土文化本土人才，开展文化结对帮扶，引导社会各界人士投身乡村文化建设。活跃繁荣农村文化市场，丰富农村文化业态，加强农村文化市场监管。

开展移风易俗行动。广泛开展文明村镇、星级文明户、文明家庭等群众性精神文明创建活动。遏制大操大办、厚葬薄养、人情攀比等陈规陋习。加强无神论宣传教育，丰富农民群众精神文化生活，抵制封建迷信活动，深化农村殡葬改革。加强农村科普工作，提高农民科学文化素养。

——《中共中央 国务院关于实施乡村振兴战略的意见》（2018年1月2日）

三、文化振兴是乡村振兴的必由之路

乡村振兴战略是新时代我们党做出决胜全面建成小康社会、开启全面建设社会主义现代化国家新征程的新战略。文化振兴是乡村振兴战略实施的必然要求、必由之路和必然结果。

（一）开展乡村文化振兴行动，推动农业现代化，有利于夯实乡村振兴战略的基础

乡村振兴战略基础在农业现代化。文化的渗透功能，可以促使文化向农业产前、产中、产后蔓延与融合，形成创意农业、观光农业、品牌农业，促进农村一二三产业融合发展，实现传统农业向现代农业转型与升级。实施“文化+”计划，挖掘乡村生态休闲、旅游观光、文化教育价值，积极开发农业多种功能，推动传统农业创造性转化、创新性发展。推动“互联网+”计划，支持和鼓励农民就业创业，拓宽增收渠道，增加农民获得感。

（二）开展乡村文化振兴行动，坚守田园生活方式，有益于乡村振兴目标的实现

乡村振兴战略目标在农村现代化。围绕有基础、有特色、有潜力的产业，建设一批集农业文化旅游“三位一体”，生产生活生态同步改善，具有历史记忆、地域特点、民族风情的特色小镇。建设以农民合作社为主要载体，让农民充分参与和受益，集循环农业、创意农业、农事体验于一体的田园综合体。完善基础设施、公共服务，在构筑产业生态圈的同时，打造宜居环境和创业氛围，把特色小镇宜居宜业的工作方式、生活方式与创新文化、历史文化、农耕文化、山水文化融为一体，在建设美丽中国的进程中打造一种令人羡慕的理想生存状态。

（三）开展乡村文化振兴行动，传承农耕文明精髓，有裨于乡村振兴战略的实施

乡村振兴战略动能来自对乡村文化的自信和守护。乡村文化是中华优秀传统文化的根和魂，保留着许多农耕文明的基因。要保护和发展有地方特色、民族特色的乡村优秀传统文化，捍卫乡村记忆；制定传统村落保护发展规划，抓紧把有历史文化等价值的传统村落和民居列入保护名录，着力保护古村落和古民宅；重视乡村非物质文化遗产保护，开展农业文化遗产普查与保护；在农村地区深入开展送地方戏活动；深入挖掘农耕文明的精神价值、美学观念、道德规范、人生智慧，结合时代要求继承创新，让乡村文化展现出永久魅力和时代风采。

延伸阅读

1. 中共中央文献研究室：《习近平关于社会主义文化建设论述摘编》，中央文献出版社 2017 年版。

2.《中共中央 国务院关于实施乡村振兴战略的意见》（2018 年 1 月 2 日）。

3. 中共中央 国务院：《乡村振兴战略规划（2018—2022 年）》，人民出版社 2018 年版。

深度思考

1. 文化在一个国家发展中具有什么样的地位和作用？当前我国文化发展现状与前景如何？为提升我国文化软实力，现阶段采取了哪些措施？成效如何？

2. 当前农村文化发展与经济社会发展关系如何？对农村发展产生了什么样的影响？

3. 为什么说文化振兴是乡村振兴的必由之路？文化振兴是如何推动乡村振兴的？

第二章

文化振兴，铸魂凝神

乡村振兴，文化为魂。没有现代化的乡村，就不会有现代化的中国；没有文化传承与创新，就谈不上真正意义上的乡村振兴。振兴乡村文化，不仅可以活跃经济文化氛围、拓展社会生态空间、构建文化传播语境，还能提升农民生产生活质量、文化综合素养和精神境界。乡村文化是乡村社会的精神纽带，凝聚着乡土之美、人文之美。在中国传统的乡村社会，文化发挥着非常重要的治理作用，它辐射乡村生活的各个方面。只有把传统留住、把文化留住，同时适应时代的变化，才能建构具有饱满品位特征和生动气息的新乡土、新农村。

我国地域广大，各地农村文化建设情况千差万别，乡村文化之路如何才能走稳走好，没有可以照搬的样本，必须勇于探索、大胆创新。同时，还要尊重不同的乡村文化，遵循乡村自身发展规律，保留乡土味道，保留乡村风貌，留得住青山绿水，记得住乡愁。乡村文化振兴，要以社会主义核心价值观为引领，一步一个脚印扎实推进。要加强农村思想道德建设，传承发展提升农村优秀传统文化，加强农村公共文化建设，开展移风易俗行动。要从农民最关心的问题、最迫切的需求切入，坚持物质文明和精神文明一起抓，富脑袋、丰内涵，不断提升农民精神风貌。只有铸牢文化振兴这一灵魂，才能让乡村文化真正“活”起来，让农民更有精气神，让农村更有吸引力，让乡村在新时代展现新气象。

一、文化振兴是乡村振兴的铸魂工程

党的十九大报告提出，要坚持农业农村优先发展，按照产业兴旺、生态宜居、乡风文明、治理有效、生活富裕的总要求，建立健全城乡融合发展体制机制和政策体系，加快推进农业农村现代化。习近平总书记对实施乡村振兴战略做出重要指示："要坚持乡村全面振兴，抓重点、补短板、强弱项，实现乡村产业振兴、人才振兴、文化振兴、生态振兴、组织振兴，推动农业全面升级、农村全面进步、农民全面发展。"文化振兴是乡村振兴的重要组成部分，文化也是一个国家、一个民族发展中更基本、更深沉、更持久的力量。

（一）文化振兴是乡村振兴的动力

1. 文化振兴助力"产业兴旺"

乡村振兴，产业兴旺是重点。乡村振兴能否实现，取决于乡村的经济基础和生产力的发展好坏，取决于乡村一二三产业是否兴旺发达。产业兴旺需要有高素质的人才作为支撑，文化的发展振兴可以提高农民的科技文化水平和生产技能，培养造就有文化、懂技术、会经营的新型农民，为产业兴旺提供智力支持。同时，具有鲜明区域特点和民族特色的乡村文化本身就是重要的文化资源，是乡村振兴的文化生产力，通过对乡村独特文化资源的开发和市场运作，可以形成独具特色的创意农业和特色文化产业，有利于构建农村一二三产业融合发展体系，为实现产业兴旺提供重要支撑。

2. 文化振兴助力“生态宜居”

乡村振兴，生态宜居是关键。良好的生态环境和整洁的村容村貌，既直观反映乡村的文明程度，也是美丽乡村的外在表现。实现生态宜居，需要通过宣传教育培养人们的生态保护意识，形成环境友好型的生产方式和低碳的生活方式，树立尊重自然、顺应自然、保护自然生态文明价值观，做到与自然和谐相处。实现生态宜居，更需要乡村特色文化的底蕴依托。在我国乡村千百年的发展过程中，各地独特的文化已经与村落布局、族群地标、建筑形式融为一体，文化是村落、地标、建筑的灵魂，村落、地标、建筑是文化的外在展现。生态宜居不仅要有良好的生态环境，更要体现深厚的文化底蕴，真正做到“望得见山、看得见水、记得住乡愁”。

3. 文化振兴助力“乡风文明”

乡村振兴，乡风文明是保障。乡风文明能够为产业兴旺提供良好的发展环境，为生态宜居提供优良的人文环境，有助于构建自治、法治、德治的治理体系，提高乡村治理的有效性。必须高度重视文化在乡村振兴中的作用，以文化振兴推动乡风文明。要注重发挥传统文化在乡村底蕴深厚、流传久远的优势，同时倡导现代文明理念和生活方式，提高农民的思想觉悟、道德水准、文明素养和科学文化素质，提振农民的精气神，促成农民养成良好的思维习惯、生活习惯和行为习惯，形成文明乡风、良好家风、淳朴民风，为实施乡村振兴战略提供强大的精神动力。

4. 文化振兴助力“治理有效”

乡村振兴，治理有效是基础。党的十九大报告提出，健全自治、法治、德治相结合的乡村治理体系，这是在乡村治理方面提出的新要求。自治是乡村治理体系的基础，实现自治，必须加强自治能力建设，培育自治文化，养成自治意识，掌握自治方法，提升农民群众自我管理、自我服务水平。法治是乡村治理体系的保障，实现法治，必须培育村民法治意识、法治理念、法治精神，通过法治宣传教育，增强人们尊法学法守法用法的思想意识和行为自觉，养成运用法治思维和法治方式解决问题、化解矛盾的行为习惯。德治则是乡村治理的支撑，实现德治，必须培育和弘扬社会主义核心价值观，发展社会主义先进乡村文化，塑造与时代要求相适应的新的道德标准，大力倡导移风易俗，用诚信、友善、孝德净化乡村，营造风清气正的淳朴乡风。

5. 文化振兴助力“生活富裕”

乡村振兴，生活富裕是根本。实现生活富裕，首先要不断提高农民收入水平和生活水平，通过加大对农民的培训，提高农民的科学文化素质，能够拓宽农民增收渠道。文化的发展可以赋予农业和农产品以更多的乡村文化内涵，实现农业、文化、旅游的融合发展，成为有效增加农民收入、实现农民生活富裕的重要途径。生活富裕不仅体现在农民物质生活的提升，也体现在精神文化生活的丰富。随着农业的发展，农民的物质生活水平不断提高，农民对精神文化生活方面的要求日益增长，文化振兴可以为农民提供更丰富的文化产品和文化服务，让农民在精神文化层面有更多的充实感、获得感和幸福感。

专家观点

文化振兴是乡村振兴的必然要求

回顾改革开放40多年来农村发展所走过的历史进程，乡村文化建设的重要战略地位日益凸显。文化建设与经济建设相辅相成，任何时候都不可分割。随着农村经济的不断发展和农民生活水平的提高，一方面文化建设的滞后性开始显现出来，并且成为制约农村发展的一个重要因素；另一方面由于文化建设物质基础的增强，乡村文化建设的重要性和紧迫性也得到彰显。

从根本上看，乡村文化建设在整个乡村振兴战略中属于灵魂工程。文化是一个民族的灵魂，是人民的精神家园。同样，在广大农村，乡村文化是其灵魂和精神家园所在。若文化不兴，“魂”系何处？习近平总书记强调“记住乡愁”，这里的“乡愁”，就是“魂”之所系、“魄”之所归、心之所向之地。

振兴乡村文化是“灵魂工程”，还在于其对整个乡村振兴战略的实施具有引领和导向的作用。乡村文化建设不仅为实施乡村振兴战略提供智力支持和精神支撑，而且为其定位导航，使其沿着持续健康的道路向前发展。这是我们认识乡村文化振兴战略地位的根本所在。

——武汉大学哲学教授　左亚文

（二）传承创新乡土文化，充实农民精神生活

实施乡村振兴战略，不仅要让农民腰包鼓起来，住上好房子，还要让农民的精神生活充实起来，活出好面貌。

习近平总书记强调，乡村振兴，既要塑形，也要铸魂。文化振兴的实质和核心就是完成乡村铸魂工作。中华文明有 5000 多年历史，许多历史遗迹与古建筑更多是在广大的乡村，文化振兴就是要深入挖掘继承和创新传统乡土文化，以丰富乡土文化的内容，让有形的乡村文化留得住，让活态的乡土文化传承下去，并赋予其新的时代内涵，转化为人们精神消费的热点、农民增收的新业态和新亮点。

1. 加强农村思想道德建设成为乡村文化振兴的重要内容

当代农村发生了新变化，出现了“钱袋满了，脑袋空了；生活好了，人心散了”的新问题。农民道德意识不强，优秀道德规范、公序良俗失效，不孝父母、不管子女、不守婚则、不睦邻里的现象不同程度存在。我们要坚持物质文明和精神文明一起抓，把提升农村思想道德建设作为重要任务抓紧抓好，深入挖掘乡村熟人社会所蕴含的道德规范，结合时代要求进行创新，强化道德教化作用，引导农民爱党爱国、向上向善、孝老爱亲、忠义守信、勤俭持家。加强无神论宣传教育，抵制封建迷信活动。

2. 继承和创新优秀传统乡土文化是乡村文化振兴的主要任务

中华民族有着几千年的文明历史，乡土文化构成了中华民族生生不息的历史长河的重要标识和外在体现，形成了中华民族底蕴深厚的传

统文化渊源。乡土文化具有地域性差异，形成了丰富多彩的中华文化。我们要深入挖掘、继承、创新传统乡土文化，丰富乡村文化内容，彰显乡村个性魅力。要让有形的乡村文化留得住，加大对古镇、古村落、古建筑、文物古迹、农业遗迹的保护力度；让活态的乡土文化传下去，深入挖掘民间艺术、戏曲曲艺、手工技艺、民俗活动等非物质文化遗产，赋予新的时代内涵，使其转化为人们精神消费的热点、农民增收的新业态和新亮点。

3. 丰富农民的精神文化生活是乡村文化振兴的主要目标

农民物质生活水平的提高带来了对精神文化需求的增多，但当前农村文化生活还比较单一，一些农民主要的消遣活动是串门、打牌、打麻将、聚众喝酒。要完善农村文化设施和文化活动场所，健全公共文化服务网络，广泛开展群众性文化活动，推动文化下乡，鼓励文艺工作者深入农村、贴近农民，推出具有浓郁乡情特色、充满正能量、深受农民欢迎的文艺作品，丰富农民的精神文化生活。

4. 开展移风易俗行动是乡村文化振兴的主要路径

移风易俗是从根本上改变乡村风貌的重要举措。近些年，基层党组织在弘扬新风正气方面做了不少工作，但在一些农村，盲目攀比、铺张浪费等不良风气还依然存在。“人情来了揭锅卖”，形象地刻画了这种不良现象给农民造成的压力。要进一步加强农村精神文明建设，提升农民精神风貌，旗帜鲜明地把反对铺张浪费、反对婚丧大操大办、抵制封建迷信作为农村精神文明建设的重要内容，合理划定红白事消费标准、办事规模。要发挥农村党员干部的示范作用，带头移风易俗，带头抵制不良风气；发挥村规民约、红白理事会的积极作用，约束铺张浪费行为，推动移风易俗，树立乡风文明。

典型案例

徐州铜山以文化建设激发乡村发展活力　推动乡村振兴

素有“苏北领头羊、淮海第一区”之誉的江苏省徐州市铜山区，坚持以文化建设为灵魂、为抓手，激发乡村发展活力，统筹推进乡村全面振兴，走出一条特色鲜明的乡风文明建设之路，乡村社会焕发新气象。

抓制度设计——用“航标”引领文明

铜山区高举文化振兴的大旗，深入推进乡风文明建设，在江苏省率先出台《乡村振兴乡风文明建设三年行动计划》。近年来，铜山区深挖历史文化积淀，强化农村精神文明建设，取得丰硕成果，涌现出一批“好人故事”和“文明兴村、文明富村、文明强村”的先进典型，汉王镇、潘楼村分别当选全国文明镇、村。

抓民生共享——用环境塑造文明

2017 年以来，铜山区先后投入 12 亿元实施城乡供水一体化工程，使 1000 多个村的村民喝上骆马湖、微山湖的优质水源；实施村村通户户通工程，两年新修道路 759 公里，初步实现村民出门就有水泥路、村里能坐公交车；连续两年把“厕所革命”列入为民办实事项目，力争实现全区自然村水冲式厕所全覆盖；面对群众对优质教育的新期待，两年招聘教师 838 名，新建、改建中小学和幼儿园 93 所。

抓典型示范——用榜样带动文明

近年来，铜山区不断挖掘和总结基层乡风文明建设的好做法、好经验，并上升为区级品牌文化活动，引导农民广泛参与，在全社会营造比先进、学先进、赶先进的浓郁氛围。让好人好报，对好人奖扶，铜山区以行动说话，用真金白银体现。2017 年出台的《铜山模范奖励管理办法》规定：获得“铜山模范”称号的，不仅有每月 500 元奖励，还有每年的免费体检。

总之，乡村振兴，不仅是物质生活的充裕，更是精神文化的繁盛。在乡风文明建设的进程中，铜山区留下的不仅仅是一个个蝶变的瞬间，更有乡村魅力的不断升华、邻里道德风尚的提升，以及一条自治与德治结合、育民与惠民交融的基层社会治理新路径。

（《唱响“一枝秀”引放“满园春”》，《新华日报》2018 年 10 月 14 日）

二、凝神聚力，精神动力

（一）文化振兴对乡村振兴起着十分重要的作用

乡村振兴战略总要求中的五个方面是一个有机整体，互为因果、相互促进、相互支撑、协调发展，不可分割、缺一不可，共同为实现农业全面升级、农村全面进步、农民全面发展发挥着各自应有的作用。

文化振兴作为农村社会主义精神文明的重要组成部分，渗透到乡村建设的各个方面，为乡村振兴提供思想保障、精神动力和智力支持，是乡村振兴的灵魂和保障。产业兴旺为文化振兴提供物质前提，文化振兴既为产业兴旺提供精神保障，又是产业兴旺的重要资源。文化振兴赋予农产品乡村文化内涵，能够提高农产品文化品牌效应，实现农业、文化、旅游的融合，成为农民增收的重要渠道。生态宜居要以生态的生产方式和生活方式作保障，而环境友好型的生产方式和低碳的生活方式及生态信仰和习惯的形成，都离不开文明乡风的培养。治理有效是乡村善治的核心，而有效的乡村治理过程就是文明乡风建设的过程。充分发挥文明乡风中优秀传统文化的作用，有助于构建自治、法治、德治相统一的治理体系。生活富裕是乡村振兴的出发点和落脚点，而生活本身既包含物质生活，又包含精神生活。中国特色社会主义进入新时代，比起物质富裕，人民群众更需要的是精神层面的充实感。乡风文明本身就是农民精神生活孜孜以求的目标，是农民幸福感和安全感的重要体现，抓好乡风文明建设能够促进物质文明建设，进一步增强农民的获得感。

（二）文化振兴为实施乡村振兴战略提供动力源泉

农民是农村的主人，实施乡村振兴战略的主体和主力军自然是农民，农民素质的高低直接决定了乡村振兴战略的实施效果。加强乡风文明建设能够提高农民的思想道德水平和科学文化素质，提振农民的精气神，促成农民养成良好的思维习惯、生活习惯和行为习惯，充分调动农民实施乡村振兴战略的积极性、主动性和创造性，为实施乡村振兴战略提供强大的动力源泉。相反，如果农民文明素质较低，不良风气盛行，则会严重影响农民的精神状态，从而严重阻碍乡村振兴战略目标的实现。改革开放40多年来，“三农”问题没能从根本上得到解决，原因固然很多，但从一定意义上讲，同我国乡村文化发展滞后，作为乡风文明主体的农民文化素质较低不无关系。长期以来，我国农村普及科学文化知识艰难，农民知识水平低下，有一定知识的青壮年常年外出打工，“三留守”人员成为农村的主力，这是“三农”问题长期得不到根本解决的深层次原因。

文化是一个国家、一个民族的灵魂，文化兴国运兴，文化强民族强。能否充分认识到乡风文明在乡村振兴战略中的重要地位和作用，将直接关系到乡村振兴的发展动力和发展方向。

（三）文化振兴为实施乡村振兴战略提供智力支持

人是生产力诸要素中起主导作用的最革命、最活跃的因素。农民作为农村经济活动的主体，思想政治素质、科学文化素质的高低以及参与经济建设的积极性等，对农村经济建设有着直接的关系和影响。

强大的精神力量不仅可以促进物质技术力量的发展，而且可以使一定的物质技术力量发挥更大的作用。乡村振兴是一项涉及全面、任务艰巨的战略部署，需要提振农民精气神才能完成。通过文化振兴，以理想信念等精神力量作支撑，能最大限度地调动广大人民群众的积极性、主动性和创造性，激发人的潜能。

现阶段，乡村振兴给当代农村发展提供了新的机遇，农民是乡村振兴的主体，农村发展的关键是能不能调动农民的精神，建设自己的美丽家园，这关系到乡村振兴的成败。农民对国家和社会前途的信心，对党和政府政策支持和拥护的程度，对新农村建设与自身利益相关性的认识，以及对新农村建设的目标和措施是否认同等，都直接影响到农民参与新农村建设的积极性和主动性。农民思想政治教育能够帮助农民认识到社会主义的优越性，认识党和政府为人民谋福利的宗旨，认识到农村经济发展的紧迫性和自己肩负的历史任务，激发出责任感和使命感，积极投身于社会主义新农村建设，为乡村振兴提供强大的精神动力。

我国农村教育比较落后，农民受教育程度普遍偏低，我国农民对现代农业科技了解不足、利用率不高，这是制约我国农村经济发展的一个“瓶颈”。为此，可通过开展农民思想政治教育，帮助广大农民认识到知识的重要性，乐于学习、接受和运用农业新技术；通过对农民进行科学文化知识和劳动技能的教育和培训，不断提高农民的科学文化素质和掌握、运用先进农业生产技术的能力，鼓励农民勇于探索，不断创新，在农产品开发上闯出新路子，帮助农民发家致富，实现农村经济又快又好地发展，从而改变广大农村落后的面貌。比如，2018 年 6 月 23 日，由浙江大学城市学院城乡治理与立法研究中心与德清县莫干山镇勤劳村共同建立的“乡村振兴产学研合作基地”在勤劳村挂牌成立。该基地以勤劳村为样板，全面探索乡村振兴理论与实践的有效结合。作为全省首个驻村型乡村振兴智库，浙江大学城市学院选派相关专家长期驻村开展实地研究，为勤劳村的发展提供智力支持。勤劳村位于德清、余杭和安吉三县（区）交界处。2017 年底，围绕乡村振兴战略，勤劳村“两委”班子创新发展理念，积极引入浙江大学城市学院专家团队，对勤劳村产业发展把脉问诊、对症下药。另外，该专家团队还积极组织作家、画家、影视公司进村创作和拍摄，致力于将该村打造成以影视为基础的文创产业基地。

知识链接

新时代农民讲习所

新时代农民讲习所始于毕节，最早叫脱贫攻坚讲习所，是毕节为实施“大扶贫、大安全、大发展”的“113攻坚战”战略任务提出的。2017年4月12日，毕节市委书记周建琨首次提出并部署各县（区）、各乡（镇）及村都要成立“脱贫攻坚讲习所”，这是发端。2017年4月14日，第一个脱贫攻坚讲习所在威宁彝族回族苗族自治县挂牌成立。到2017年10月，已发展到2989个。习近平总书记高度肯定，认为“新时代农民讲习所，赋予它新的内涵，这是创新”。之后，毕节全部“脱贫攻坚讲习所”更名为“新时代农民讲习所”。毕节的讲习所，讲、习并重，领导干部、种田能手、乡村教师都可以讲，他们的经验来自基层、来自土地、来自实践，往往更能解决农民实际问题。新时代农民讲习所把毕节的“脱贫攻坚讲习所”同大革命时代的农民运动讲习所联系起来，拓展了讲习所的内涵。

专家观点

乡风文明是乡村建设的长期任务

乡风文明是乡村建设的长期任务，不是短期内可以完成的，更不可能一蹴而就，是实施乡村振兴战略的核心内容，也是难点所在，需要坚持不懈的努力。建设乡风文明既是乡村建设的重要内容，也是中国社会文明建设的重要基础；乡风文明不仅反映农民对美好生活的需要，也是构建和谐社会和实现强国梦的重要条件。乡风文明建设不能通过急功近利的运动方式来完成，也不可能通过搞涂脂抹粉的形式主义来实现，而是要把优秀传统文化和现代文化融为一体，潜移默化地渗透到乡村生产和社会生活方式中，并转变成人们的自觉行动，内化为人们的信仰和习惯。这就需要把乡风文明作为一个系统工程长期坚持。

——中国农业大学农民问题研究所所长、教授　朱启臻

三、文化振兴如何助力乡村振兴

乡村的灵魂是什么？是文化。过去一段时期，很多村庄衰落凋敝，一个重要原因在于文化的衰落。城乡经济社会发展的落差，也带来了乡村自我认同的困惑。释疑这种困惑，树立文化自信，才能唤醒乡村振兴的文化自觉。

（一）通过发展多元文化产业助力乡村振兴

产业是经济社会发展的基础，也是乡村建设的基础。要加大特色资

源、优势资源、闲置资源开发力度，积极探索符合当地实际的产业开发模式，更要充分发挥农村地区的生态优势，坚持“内修人文、外修生态”，着力发展生态文化旅游业。以立足乡村，结合实际，通过发展多元文化产业来助推乡村振兴。

知识链接

内修人文、外修生态

“内修人文”就是适应时代的需要，通过弘扬践行社会主义核心价值观和先进文化，丰富提高内在的人文精神，为生态文明建设提供精神动力、文化支撑和道德维系。“外修生态”就是以对人民群众、对子孙后代高度负责的态度，建设以资源环境承载力为基础、以自然规律为准则、以可持续发展为目标的资源节约型、环境友好型社会，创造良好的生产生活环境。“内修人文、外修生态”顺应发展要求、符合时代特征、满足人民期盼，不仅为经济社会发展方式提出了新的挑战，也为精神文明建设工作赋予了新的内涵与使命。

专家观点

重塑乡土文化　建设美丽中国

乡土文化重塑的呼吁不是一种怀旧情绪的宣泄，而是关乎美丽中国建设的关键。乡村传统文化中的优秀成分，如厚重、自然、淳朴的乡土民风，善良、温情、坚强的生存姿态，善恶分明、嫉恶如仇的农民性格等，是在农耕文明中历经风风雨雨而孕育积淀形成的，反映出具体的民族特征、价值观念和审美情趣，并在潜移默化中影响人们的思想观念、价值操守和行为方式。这种精神价值和文化意识是维系民族精神的历史纽带，是维护乡村秩序的基本依据，更是建设美丽中国的深厚文化根基。

——中共中央党校（国家行政学院）哲学部教授　赵建军

（二）通过重建乡村文化自信助力乡村振兴

乡村文化自信是指乡村社会主体对乡村文化的一种信心、信念，是乡村居民们对传统文化价值和自己理想信念的充分认定，对本群体文化生命力及其发展前景的充分肯定，是一种发自内心的文化自信心和自豪感。通过一系列的项目打造，能增进农民对乡土文化的认识，促使其客观认知自身文化，在文化产业打造和文化实践活动中感知文化的特点与变迁，对未来文化发展充满信心，从而提振农民建设美好家园的精气神。

（三）通过促进村民文化自觉助力乡村振兴

要坚持以人为本，文化惠民，在了解农民文化需求的基础上，科学引导，完善基础设施，丰富文化活动内容，激发村民参与文化的自觉性、积极性和主动性。充分发挥文化“春风化雨，润物无声”的作用，培育文明和谐乡风，丰富农民生活内容，提高农民整体素质，提升农民生活品质，以文化自觉助力乡村振兴。

延伸阅读

1.《中国共产党农村基层组织工作条例》，中国法制出版社 2019 年版。

2. 习近平：《把实施乡村振兴战略摆在优先位置 让乡村振兴成为全党全社会的共同行动》，《人民日报》2018 年 7 月 6 日。

深度思考

1. 文化振兴在乡村振兴中有哪些重要意义？

2. 文化振兴如何为乡村振兴提供精神动力和智力支持？

第三章

以文化人，乡村振兴

坚持以社会主义核心价值观为引领，以传承发展中华优秀传统文化为核心，以乡村公共文化服务体系建设为载体，培育文明乡风、良好家风、淳朴民风，推动乡村文化振兴，建设邻里守望、诚信重礼、勤俭节约的文明乡村。

深入实施公民道德建设工程，推进社会公德、职业道德、家庭美德、个人品德建设。推进诚信建设，强化农民的社会责任意识、规则意识、集体意识和主人翁意识。建立健全农村信用体系，完善守信激励和失信惩戒机制。弘扬劳动最光荣、劳动者最伟大的观念。弘扬中华孝道，强化孝敬父母、尊敬长辈的社会风尚。广泛开展好媳妇、好儿女、好公婆等评选表彰活动，开展寻找最美乡村教师、医生、村干部、人民调解员等活动。深入宣传道德模范、身边好人的典型事迹，建立健全先进模范发挥作用的长效机制。

推动城乡公共文化服务体系融合发展，增加优秀乡村文化产品和服务供给，活跃繁荣农村文化市场，为广大农民提供高质量的精神营养。

一、以文化振兴推动乡风文明

党的十九大报告提出实施乡村振兴战略，明确提出了产业兴旺、生态宜居、乡风文明、治理有效、生活富裕的总要求。可见，乡风文明是乡村振兴的一项重要指标，这也是广大村民内心的向往和期盼。乡村振兴不但要产业振兴，还要文化振兴，让农村成为安居乐业的美丽家园。过去乡村振兴更多是产业振兴，但是在经济发展的同时，文化出现严重短板，还有的地方文化遗产未能及时保护，甚至有些地产商强拆文物建筑的事件时有发生，因此必须把文化振兴提到重要位置。

（一）繁荣兴盛农村文化，焕发乡风文明新气象

文化振兴作为乡村振兴的重要指标和内容被提上了议事日程，引起了全国上下的高度重视。文化振兴是乡村振兴的重要前提和根本保障，是乡村振兴的深层次目标，也是乡村振兴得以最终实现的根本标志。在大力推进新型城镇化建设和美丽乡村建设进程中，一大批村镇如雨后春笋般朝气蓬勃，泥沙路变成了水泥路，土砖房换成了小洋楼，如今乡村环境变美了、生态变好了、村民钱包更鼓了。但在有的村镇，陈规陋习依然沿袭，攀比、歧视的现象时有发生，这显然与美丽的村容村貌格格不入。尊良俗、去低俗、废恶俗，这是富裕起来的百姓的迫切期盼。

实施乡村振兴战略，必须繁荣兴盛农村文化，焕发乡风文明新气象。要传承发展提升农耕文明，走乡村文化兴盛之路。要充分挖掘乡村文化内涵，与乡土文化元素与艺术符号相结合，考虑整体乡村历史风貌来规划发展乡村建设发展，避免走千篇一律的老路。

文化是一个民族的精神和灵魂。没有文化，人就没了精气神，就会空虚。没有文化的乡村，也是空虚的。文化振兴是打造乡民精神世界、守望乡愁的根本举措。通过文化振兴给农村注入精神动力，带来的是

农民精神面貌的变化、精神境界和层次的上升，乡村生活内涵与生活格调的整体变迁，带来的是农村村容村貌的实质性的变化，必然会促进乡风文明程度的提升，从而实现乡村振兴的目标。

专家观点

乡村文化正受到冲击

随着农村空心化现象的突显，作为文化载体的古老村庄和聚族而居的熟人社会正在消失。一定的文化总是通过一定的物质载体表现出来的。乡村文化之所以与城市文化有别，首先是因为其居住的环境和活动方式不一样。例如，聚族而居、依山傍水、熟人社会，望得见山、看得见水，房前屋后种瓜种豆，等等。但是，现在的农村大多数都盖起了单门独户的小楼房，古老的祖屋被遗弃，不分彼此的熟人社会被隔离，原来的故园已成记忆。当然，随着农村的发展，这些变化不可避免。问题在于这些变化是以田地的荒芜、传统的失落、古老建筑的消失、人际关系的疏离为代价的，这就必须引起重视。

由于外来文化的涌入，作为农耕文明的人文传统和价值观念受到冲击。习近平总书记强调，乡村文明是中华民族文明史的主体，村庄是乡村文明的载体，耕读文明是我们的软实力，要保留乡村风貌，坚持传承文化。中华民族在数千年的农耕文明的基础上形成了特有的人文传统和价值观念，如守望相助的观念、敦亲睦邻的观念、孝亲敬贤的观念、祖先崇拜的观念、天人和谐的观念、克勤克俭的观念、耕读传世的观念，等等。然而，这些传统观念受到西方文化和城市文化的双重冲击而逐渐式微。

——武汉大学哲学教授　左亚文

（二）乡村文明的复兴

乡村发展的精髓在于乡村文明的复兴。浙江省义乌市何斯路村在建设的过程中以墙体文化、“功德银行”以及“百万育才计划”为载体，形成了自己的乡村文化氛围。他们将山水生态文化、人居文化、特色酒文化、农耕文化以及何斯路千年历史文化等村落特色文化，以漫画、书法、水墨画等形式在村舍的白色墙体上形象地展现出来，拉近了历史与现实的距离，打造出何斯路村的“墙体文化长廊”。未成年人的健康成长和全面的素质教育不仅对于孩子们的未来发展至关重要，也决定着何斯路村未来的发展。为此，从 2009 年起，何斯路村启动了“2009—2019 年百万育才计划”，每年举办为期 15 天的青少年暑期夏令营活动，以增加孩子们的见识，开阔视野。

知识链接

何斯路村的“功德银行”

所谓“功德银行”，指的是村“两委”鼓励村民们讲功德，比如帮助困难户、义务清理垃圾、义务参加集体劳动、捐赠物资等，不拘功德大小，都逐一记录在册，存入“银行”。何斯路村的“功德银行”不同于其他一些地方的“时间银行”，因为它并不主张助人者支取他人的帮助，而是旨在通过倡导奉献爱心，在全村形成互助和奉献的意识。同时，促进村里面形成文明、互助、礼让、共享的新风尚。

二、以乡风文明促进文化振兴

移风易俗，树立文明乡风，是乡村振兴战略的重要目标。从表面上看，移风易俗是改变村民的行为习惯，实质上是要改变村民价值观念。要在村镇中移风易俗，树立文明乡风，必须把社会主义核心价值观建设与乡村风土人情及乡村振兴战略结合起来，内修人文、外修生态。

（一）以社会主义核心价值观引导乡风文明建设，铸好文化振兴的基本功

乡风文明是农村村容村貌的集中表现，在一定程度上体现着一个乡村的文明程度，加强乡风文明建设功在当代，利在千秋。加强乡风文明建设的途径多种多样，以社会主义核心价值观为引领，把社会主义核心价值观的内容融进乡风文明建设，是新时代乡风文明建设的根本举措。

社会主义核心价值观是党的十八大提出关于国家社会和个体层面的价值要求，“富强、民主、文明、和谐；自由、平等、公正、法治；爱国、敬业、诚信、友善”，为全社会提供了价值引领、行为准则和社

会规范。时下，乡风文明的浪潮席卷了广大乡村，乡村正在经历一次思想上的大洗礼，在这场思想洗礼中，社会主义核心价值观同样有着十分重要的作用，为乡风文明建设提供满满的养分。

作为社会主义核心价值观在国家层面的要求，“富强、民主、文明、和谐”与乡风文明密切相关。富强的乡村经济发达，村民一心一意谋发展，对于鸡毛蒜皮的小利益是很少计较的，少了矛盾，乡村的和谐能有效改善；在民主的乡村，做事讲原则，办事讲规则，老百姓对各项政策心知肚明，就不会天天找村干部麻烦、三天两头上访了，文明程度自然会随之提升。

“自由、平等、公正、法治”作为社会主义核心价值观在社会层面的要求，与乡风文明的距离很近。在自由的乡村，老百姓能在法律范围内无拘束地生活，自由地表达诉求，心中的烦心事自然就烟消云散了，扯皮闹事的人也就少了，整个乡村就会文明许多；在平等、公正的乡村，处事公平公正，一视同仁，老百姓心里就会舒坦很多，打心里服气；在法治的乡村，百姓遵纪守法，善于用法律的武器维护自己的利益，而不是一味地信访、打闹，法治会使人民安居乐业，人民的权利会得到更好保障。

“爱国、敬业、诚信、友善”是社会主义核心价值观在个人层面上的要求，与个人息息相关，与乡风文明更是零距离融合。村民爱国、爱家才会脚踏实地，老老实实做人，带着感情为国为家贡献力量；村民敬业奉献，在各自的岗位上兢兢业业，不断提高劳动技能，不仅能让个人富起来，还能为村民树立榜样，感染大家，使勤劳致富风气形成；诚信的村民一定是素质较高的好公民，对亲朋好友讲诚信，对邻里讲诚信，借钱还钱，借物还物，承诺的事努力做到，从而在村里成为学习的榜样，引领诚信好乡风。同样，友善的人，对人对事态度谦和，常怀一颗感恩的心，虚心接纳万物，这样的人必定受人尊敬。

社会主义核心价值观与乡风文明相辅相成、互融互通，要发挥社会主义核心价值观的引领作用，找到乡风文明建设新的切入点，把社会主义核心价值观注入乡风文明中，从而更好地树立文明新风尚。坚持教育引导、实践养成、制度保障三管齐下，采取符合农村特点的方式、方法和载体，深化中国特色社会主义和中国梦宣传教育，大力弘扬民族精神和时代精神。加强爱国主义、集体主义、社会主义教育，深化民族团结进步教育。注重典型示范，深入实施时代新人培育工程，推出一批新时代农民的先进模范人物。把社会主义核心价值观融入法治建设，推动公正文明执法司法，彰显社会主流价值。强化公共政策价值导向，探索建立重大公共政策道德风险评估和纠偏机制。

（二）结合各地实际情况，推进乡风文明建设，为文化振兴提供基本路径和方法

乡风文明建设是一项“老大难”工程。“老”在千年遗风，“大”在千家万户，“难”在除旧布新。因此，需要久久为功、坚持不懈来做。通过新农村建设示范点的典型经验，推动整个地区乃至全国的文明乡风建设，是积极推进移风易俗、树立文明乡风的重要路径。在移风易俗中，需要坚持正确的原则和方法。好的文化传统要继承，不文明、不科学的习俗要改进，封建糟粕则要毫不犹豫地摒弃。在移风易俗的具体工作中，要特别注意“循序渐进”。我们要取其精华、去其糟粕，抑扬并举地推进移风易俗，而不能简单地“一刀切”“套模板”。在移风易俗、树立文明乡风的过程中，还要特别注意“乡贤”“家风”等的示范作用，引导村民见贤思齐、见得思义，让新乡贤、好家风成为乡村振兴中的正能量。村委会还可以举办“最美村民”“文明家庭”“传承家风”等形式多样的主题评选活动，进一步加深村民对文明乡风的认同感。

可以看出，乡风文明的建设过程，就是与乡村文化振兴相耦合的过程，必然促进乡村文化振兴。比如，广东省湛江市徐闻县全面启动开展“推进移风易俗，树立文明乡风”建设活动，共建美丽乡村。随着活动的全面开展，村民自觉摒弃陈规陋习，动手整治农村环境，从而为政府实施乡村振兴战略提供源源不断的智力支持和强大的精神动力。具体措施：一是打造标杆示范点，党委搭台，群众唱戏。乌港村里面积达 800 多平方米的文化墙格外显眼，墙体文化内容包括社会主义核心价值观、家风家训、邻里美德、新二十四孝等彩绘。二是干部带头感化群众积极参与。在乌港村，只要村广播一响，无论老人还是小孩，村民们便自觉行动起来，拿起自家扫把，走上村里巷道打扫卫生。从目前来看，推进移风易俗、树立文明乡风建设活动成效显著。村民不再只顾“各人自扫门前雪”，而是心怀集体，村里事变成自家事，人人积极参与其中。村民群众脸上绽放幸福的笑容，他们身穿红色志愿者马甲，用勤劳的付出换来今天的成果。阴冷雨天，为保护上色的墙绘，村干部买回千瓦电灯泡来烤干墙体……这些工作场面都触动了村民群众的心灵。他们纷纷自觉加入，自发清洁墙面，并买来篷布遮盖墙面以免遭受雨水淋湿。天寒地冻，群众自发清理水渠，扮靓流动的风景线。为了长久保持水渠清洁干净，该村成立了卫生监督志愿者服务队伍，加强监管，人人有责。广东海洋大学经济学院闫玉科教授认为，该活动是乡风文明建设的重要内容。“徐闻县是中国长寿之乡，全国游客看到徐闻县人民素质提高了，对陈规陋俗改革让其越来越现代化、时代化。本来徐闻县生态环境就好，如果社会风气好的话，这个点就亮了，更有魅力。乡风文明，民风淳朴，邻里和气和睦，心情愉悦，人们自然就会长寿。”闫玉科教授说。

专家观点

乡村文化是实现美丽中国建设的“根”与“魂”

美丽中国建设要有骨、有肉，更要有鲜活的血液赋予美丽中国生命力，而乡村文化正是流淌在美丽中国建设过程中的血液。乡村文化是与乡村的生产方式相联系的，是当地群众所共有的行为方式、交往规则、风俗习惯、价值观念、教育、科学、技术、文化遗产、文化活动的统称。在传统中国，内生于乡村的传统文化，以生态智慧、道德交往的习俗等规约着人们的生活秩序，在对乡村居民进行道德约束与行为规范方面发挥了巨大的作用，提供了乡村秩序所需要的基础性条件，也为乡村居民提供了生命意义和人生价值的旨归。作为美丽乡村建设的根基，乡村文化始终发挥着感染、教化、支撑等推动乡村社会全面发展的多方面功能，是体现乡村社会质量的主要内容。

——中共中央党校（国家行政学院）哲学部教授　赵建军

三、繁荣农村文化，助力乡村振兴

实现农村文化的繁荣发展，必将带来农村社会的和谐发展，农业现代化也将获得新的发展动力，从而大力助推乡村振兴，促进农业农村的现代化发展。

（一）打造乡村振兴的文化名片

乡村往往有得天独厚的自然资源与独具特色的地域文化。乡村文化是村民在长期的劳动生产实践中孕育形成的文化，表现在生产生活的方方面面。长久以来，因地理环境的差异，不同乡村地区形成了一些较为独特的地域文化。这些文化具有一定的可识别性，表现在方言、工具器物、建筑样式、生活习俗、戏曲民谣等方面。乡村文化在历史的发展中成为民众共同的文化记忆，继承和发展富有地方特色的乡村优秀传统文化，捍卫乡村记忆，就是延续我们的文化根脉。因此，我们要通过各种方式继承乡村文化，并对其进行创造性转化和创新性发展，使风格各异的乡村文化成为美丽乡村建设的亮丽名片。深入挖掘乡村文化的精神内涵和现代意义，保留有历史文化价值的传统村落和民居，抢救保护重要的民间文化遗产，蓬勃开展乡村文艺活动，让乡村文化展现出绚丽的色彩。创造条件使更多的人特别是年轻人愿意回到乡村，投身于乡村文化事业发展中，不仅重新打造美好的文化记忆，而且利用网络等新媒体把自己家乡的优秀文化传播出去，让乡村文化走向世界。

乡愁，是乡村振兴中的文化复兴标志。安徽省黄山市徽州区西溪南镇琶村村史馆，被发展淡忘的“乡愁”这几年又回来了。由郑氏祠堂改建而来的村史馆成了村民、游客追忆往事、感怀农耕文化的绝好去处。水壶保温木盒、四方格火锅器皿……在这个面积有 500 平方米的村史馆里，丰富的馆品让很多村民找到了乡愁印记。琶村、水东村、祖源村、雄村、卖花渔村……从 2016 年开始，黄山市推进第一期 7 所村史馆建设。要把村史馆建成传承历史文化、展示礼仪徽州的新名片，成为承载乡恋乡愁、构筑精神家园的新阵地，成为农村思想道德文化建设的新高地。徽州是一个长期承接传衍中原汉民族文化的典型地域，在长期的历史发展中，保留了较为完整的中华传统文化的各类要素形态。这里有着浓郁的乡贤文化、乡土气息、乡愁情结。乡贤、乡土、乡愁滋润着文化传统，滋养了一代又一代徽州人。要在乡村振兴中留住乡愁，说到底就要守护我们的文化根脉，建设我们的精神家园。

要发挥乡村文化在稳定社会、凝聚人心、和谐社会方面的作用。要在继承中创新，在创新中提升，要通过对文化资源的静态保护和活态利用有机结合，让文化因子融入人们的生活之中，让人们望得见山、看得见水、记得住乡愁。

典型案例

阳新县舞活“四个龙头” 繁荣农村文化

2016 年 9 月 28 日，湖北省阳新县三溪镇姜福村文化礼堂热闹非凡，吸引了几百名村民前来观看。

离姜福村仅三里之隔的丫吉村文化广场，一支龙狮队正在锣鼓声中为村民表演。这支由30多名青年组成的“丫吉村龙狮队”已经3次参加全县“龙狮闹元宵”展演，3次获奖。这次他们回村集中训练，是为了国庆期间参加“乡村园博会”，以玩龙舞狮的独特形式，向乡亲们献礼。

阳新县认真落实中央关于加强农村公共文化建设和文化惠民的精神，舞活“四个龙头”，带动农村文化繁荣发展，丰富农村居民文化生活。

“广场舞蹈队”活跃乡村。该县县委宣传部牵头，县电视台承办，每年举办一场农村“广场舞大赛”。采取村组、镇区选拔赛，全县大决赛的形式，已连续3年举办比赛活动，激发了全县“广场舞”参赛热情。目前，该县已成立广场舞舞蹈队500多个，参加活动的人员达4.6万人次。

“民间戏剧团”好戏连台。阳新境内有采茶戏、花鼓戏、喔吙戏、黄梅戏等各种民间戏剧团39个，被称为“戏窝子”。该县宣传、文化部门及时对民间戏剧团进行传承创新和管理改造，引导其健康发展。该县每年举办“民间戏剧团展演”，对优秀剧目进行表彰。如今，民间戏剧团的演员白天劳动，夜晚演出，或平时外出打工，节假日回乡演出。

“龙狮莲船会”别具一格。该县农村每逢过年过节，玩龙灯、舞狮子、划莲船、唱灯会蔚然成风，各式各样的“龙狮莲船灯会”，成为鄂东南水乡的独特风韵。县委宣传部每年元宵节举办“龙狮闹元宵比赛”，吸引全县龙狮、莲船表演队参加。目前，全县已有舞龙队52个，舞狮队70多个，莲船花灯表演队40多个。

“富川大舞台”展示才艺。该县文化部门于2012年成立了“富川大舞台”，每周一至周五夜晚开展文艺演出活动，吸引城乡文化团体和民间艺人登台献艺。“富川大舞台，有才你就来”成为阳新人民最熟悉的文化广告语。仅2016年前9个月，该县农村就有65支民间文艺团体登台展示才艺。

（人民网2016年9月28日）

（二）利用乡村文化要素创建新型业态

在现代农业发展理念的影响下，把乡村文化元素纳入农村产业发展过程中，从而创造出适合农村发展的新型业态，既弘扬优秀乡村文化，又实现富农惠农。例如，将耕读文化打造成新的人文景观。“耕读传家”曾是古代殷实的农家所追求的一种理想生活方式。乡村可以把悠久的耕读文化与现代旅游观光业结合起来，利用乡村的历史建筑和文化名人等元素打造体现耕读文化的人文景观，吸引城市人群旅游参观，使他们直观地体验和感受中国历史和传统文化的发展过程。这既有利于乡村旅游产业的发展，也为城市居民提供了踏上怀乡之旅、追寻故园记忆的美好路径。

加强规划引导、典型示范，挖掘培养乡土文化本土人才，建设一批特色鲜明、优势突出的农耕文化产业展示区，打造一批特色文化产业乡镇、文化产业特色村和文化产业群。大力推动农村地区实施传统工艺振兴计划，培育形成具有民族和地域特色的传统工艺产品，促进传统工艺提高品质、形成品牌、带动就业。积极开发传统节日文化用品和武术、戏曲、舞龙、舞狮、锣鼓等民间艺术、民俗表演项目，促进文化资源与现代消费需求有效对接。推动文化、旅游与其他产业深度融合、创新发展。

（三）利用乡村文化助推农村精神文明建设

实施乡村振兴战略，要坚持农业农村优先发展，按照产业兴旺、生态宜居、乡风文明、治理有效、生活富裕的总要求，加快推进农业农村现代化。在这个过程中，乡村精神文明建设尤为重要，积极健康的乡村文化不仅能够增强农民对美丽家园的认同，而且能够提升建设乡村的积极性、主动性，使他们更加关心乡村集体事业，愿意为建设美丽乡村贡献自己的力量。这对于增强农村集体主义精神，健全自治、法治、德治相结合的乡村治理体系将起到不可替代的作用。具体来说，一要扎实推动农村移风易俗，创新乡贤文化，树立鲜明的道德导向和价值标杆；二要扎实开展文明家庭创建活动，建设良好家风、家训，以家风家训带动村风民风建设，把文明家庭建设作为改变乡村文明环境的重要抓手；三要深入实施文化惠民工程，通过各种形式为农民提供更高质量的文化产品和文化服务，不断满足农民日益增长的美好生活需要，从而推动农村精神文明建设迈上新的台阶。

延伸阅读

1.《摸准“三农”发展的脉搏》，《人民日报》2018 年 5 月 13 日。

2. 潘鲁生：《繁荣文化　振兴乡村》，人民网 2018 年 3 月 8 日。

3. 石羚：《绘好乡村“富春山居图”》，《人民日报》2018 年 10 月 18 日。

深度思考

1. 乡村文化振兴与乡风文明的关系如何？如何促成二者的融合发展，为乡村振兴提供精神动力？

2. 如何看待社会主义核心价值观在乡风文明建设中的重要地位？

3. “乡愁”已经成为一个符号，如何认识“乡愁”对乡村文化振兴的带动作用？

第四章

以文入心，固本浚源

推动基层党组织、基层单位、农村社区有针对性地加强农村群众性思想政治工作。加强对农村社会热点难点问题的应对解读，合理引导社会预期。健全人文关怀和心理疏导机制，培育自尊自信、理性平和、积极向上的农村社会心态。深化文明村镇创建活动，进一步提高县级及以上文明村和文明乡镇的占比。广泛开展星级文明户、文明家庭等群众性精神文明创建活动。深入开展“扫黄打非”进基层。重视发挥社区教育作用，做好家庭教育，传承良好家风家训。完善文化科技卫生“三下乡”长效机制。持续推进农村精神文明建设，提升农民精神风貌，倡导科学文明生活，不断提高乡村社会文明程度。

深入推进文化惠民，为农村地区提供更多更好的公共文化产品和服务。建立农民群众文化需求反馈机制，推动政府向社会购买公共文化服务，开展“菜单式”“订单式”服务。加强公共文化服务品牌建设，推动形成具有鲜明特色和社会影响力的农村公共文化服务项目。开展文化结对帮扶。支持“三农”题材文艺创作生产，鼓励文艺工作者推出反映农民生产生活尤其是乡村振兴实践的优秀文艺作品。鼓励各级文艺组织深入农村地区开展惠民演出活动。加强农村科普工作，推动全民阅读进家庭、进农村，提高农民科学文化素养。

一、当前农村文化建设的现状

（一）农村文化建设取得了很大成绩

改革开放以来，农村文化建设取得可喜成果，农村基础设施建设取得重大进展，文化教育取得可喜成绩，琳琅满目的文化产品丰富着人们的生活，人们的精神生活日益丰富。

1. 思想道德建设成果显著

加强思想道德建设，以主流价值观塑造村庄精神，引领村庄发展，是农村文化建设的要义。从不少地区的调研中可见，将社会主义核心价值观融入村庄发展、培育提炼村庄精神，已非停留在口号上，而是实实在在体现为村庄文化精髓，社会效益明显。浙江省东阳市南马镇花园村为培育造就新型农民，建起了党校、报社，制作村民读本、员工手册，大力倡导“求实、创新、求强、共富”的花园精神，使花园村成为远近闻名的文明村。在浙江省舟山市普陀区蚂蚁岛，村民们弘扬老一代蚂蚁岛人“艰苦创业、敢啃骨头、勇争一流”的蚂蚁岛精神，成为引领着当地村民创新创业的精神典范，2017 年人均年收入达到 2.38 万元。

2. 基础设施显著改善

近年来，随着新农村建设的推进，市县文化馆和图书馆、乡（镇）综合文化站、村文化活动中心（室）等公共文化设施布局逐渐完善，一些农村社区的文化基础设施不亚于城市社区，同时根据本村特色建起多种文化场馆。花园村建有集展示收藏、科教培训于一体的中国农村博物馆，龙峰村挖掘本村畲族文化建起畲族文化馆，棠棣村依托“千年兰乡”之誉和兰花产业建起兰文化展示馆，蚂蚁岛村建有合作化时期村情陈列室。

3. 传承传统文化资源取得初步成效

优秀的传统文化资源是乡村的宝贵财富，活化利用与村民思想感情、思维方式、生活方式高度融合的优秀传统文化资源推进乡村振兴，是农村文化建设的显著特点。传统村落是道德教化、礼仪规范、民俗风情、手工技艺等的综合体，凝聚着中华传统的根基和灵魂。优秀传统文化也是村庄发展的产业资本，浙江省丽水市松阳县盘活民俗文化、传统老屋、农林茶文化，依托山水优势，融入时尚创意元素，推动了民宿经营、农旅结合、茶产业、微型文创等产业蓬勃发展。

4. 人才队伍建设日益受到重视

不少地区实现了乡镇（街道）宣传干事专职配备。全面推行文化下派员和文化专管员制度，形成覆盖市、县、镇、村四级宣传文化队伍。乡贤、志愿者深入乡村，成为文化建设重要力量。不少地方有退休文化干部、学校老师帮助整理村史资料、编写村志、策划文化活动，提升了村文化活动的内涵和层次。尤为可喜的是，民宿经营、创意设计、茶艺培训等文化产业吸引着不少回乡和外地来乡创业的年轻人，他们展示着现代文明的时尚活力，带给乡村以时代生机。

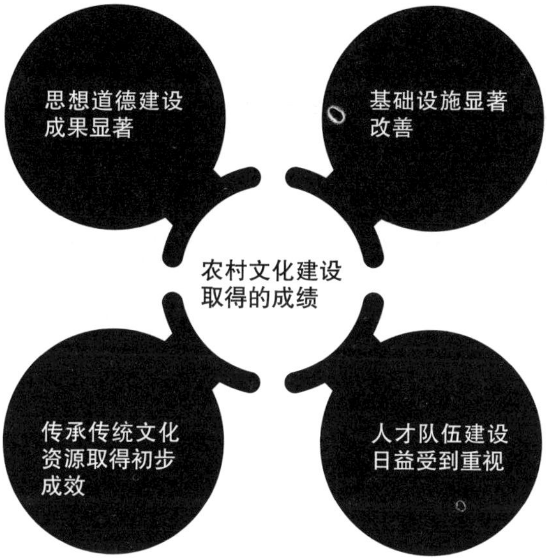

农村文化建设取得的成绩

知识链接

蚂蚁岛精神

2005 年，习近平同志来到蚂蚁岛考察，对“艰苦创业、敢啃骨头、勇争一流”的蚂蚁岛精神给予充分肯定，并嘱咐干部群众一定要把蚂蚁岛精神继续发扬光大。蚂蚁岛精神虽然生成于半个多世纪前，却具有历久弥新的生命力。如今，城乡面貌发生了翻天覆地的变化，生产生活方式更是今非昔比，我国社会的主要矛盾也已经转化为人民日益增长的美好生活需要和不平衡不充分的发展之间的矛盾。但千变万变，共产党人的初心和使命从未改变，

“艰苦创业、敢啃骨头、勇争一流”的蚂蚁岛精神始终激荡人心。

（二）新农村文化建设滞后的问题客观存在，不容忽视

应当看到，我国农村文化建设与城市文化建设仍存在不少差距。

相较于发达的城市，乡村文化相对封闭落后，导致农民缺乏自信。在科学技术迅猛发展、知识信息更新加速的今天，一些农民因缺少知识，精神空虚、麻木，不思进取，很难通过发挥主观能动性实现勤劳致富，存在严重的“软、懒、散”和“等、靠、要”愚昧思想，对发展农业生产，建设新农村缺乏信心。同时，城市文化的辐射扩散挤压着乡村文化的生存空间，乡村文化难以真正自信起来。

农民活动的公共空间正在逐渐萎缩。场馆设置了不少，但使用率不高，闲置率不低。不少地方文化室、图书室、广播室、篮球场形同虚设，没有被用来开展文化活动，严重阻碍了农村群众文化的正常开展。

农村文化活动缺乏吸引力，送文化下乡，针对性不强。现有文化产品形式过于单一，很难满足当代富裕起来的农民的心理需求和精神需求。不少农民反映，几年也看不上一场电影，庙会唱戏也是一些老生常谈的陈旧内容，电视里的节目又远离农民，与其跟着凑热闹，还不如自己找乐趣。

陈规陋习成为新农村建设的桎梏。人情费逐年上涨，“养儿防老”“重男轻女”等传统价值观根深蒂固。事实上，给农民送点文化并不难，难的是让文化融入农民的日常生活，从而改变农民的旧思

想、旧观念。思想观念不变革，新农村建设富了农民、贫了精神的状态很难获得根本改观。反之，若能从旧观念中解放出来，开动脑筋，不断寻求新的发展思路，新农村建设则会取得重大进展，实现突破性发展。

典型案例

浙江省绍兴市柯桥区漓渚镇棠棣村：棠棣枝头春意闹，千年兰乡花中笑

棠棣村位于浙江省绍兴市柯桥区漓渚镇西北部，是一个以花闻名、以花致富的小山村。全村总面积 2.91 平方公里，辖 8 个村民小组，496 户 1509 人，村民年人均收入超过 7.5 万元。

党的十九大报告提出实施乡村振兴战略，要坚持农业农村优先发展，按照产业兴旺、生态宜居、乡风文明、治理有效、生活富裕的总要求，建立健全城乡融合发展体制机制和政策体系，加快推进农业农村现代化。

如何实施好乡村振兴战略，因地制宜是关键。近年来，棠棣村以党的建设为核心，推动经济社会平稳发展，因特色产业强、生态环境美、党建引领优而广为人知，荣获“国家级美丽宜居示范村”“全国生态文化村”“浙江省 AAA 级景区村庄”“浙江省文明村”“省级兴林富民示范村”“省级全面小康示范村”“浙江最美村庄”“浙江省生态文化基地”等称号。

一、以特色优势产业为依托，推进产业兴旺

棠棣村被称为“千年兰乡”。棠棣植兰的历史可追溯到越王勾践时期，近年来，棠棣村依托兰花传统优势，培育形成全国知名的花木产业。村民以种植经营花木生意为主，身影遍布全国花卉市场，将兰花销往全国各地。近五年由镇级承办的兰花展期间实现兰花销售3000万元，带动花木产业销售超亿元。

为了支持发展兰花产业，棠棣村结合“三改一拆”和“低小散”等整治工作，将村里的漂染厂关停，最终改建成绍兴市棠棣乡村振兴实训基地，以“人勤春早”的棠棣精神为内涵，集培训、宣讲、参观、展览等多功能于一体，借助高校力量广聘“智囊团”，为浙江农村在乡村振兴征程中提供一些可借鉴、可复制、可推广的路径。经过多年探索实践，棠棣村逐步走出了一条兰文化传承、花木产业培育和美丽乡村建设的有效结合、互促发展之路。

二、以美丽乡村建设为抓手，实现生态宜居

按照美丽乡村建设要求，棠棣村深入开展环境综合整治，不断优化生态环境和农村人居环境。大力实施绿化、亮化、序化、美化“四化”工程，注重个性特色，打造“村在绿中、房在树中、人在花中”，一花一草、一庭一院皆风景的美丽乡村景观，村容村貌得到极大改善。

2011年，棠棣村着力打造绍兴市首批美丽乡村“精品村”，累计投入资金800余万元，并先后委托绍兴越州都市规划设计院、厦门大学对棠棣村进行规划设计。以建设布局合理、经济适用、

环境优美、交通便捷、设施配套功能齐全的居住区为目标，进行美丽乡村建设。2015年美丽乡村初步建成，并成为浙江省美丽乡村和农村精神文明建设现场参观点。

2017年，国家提出建设田园综合体，为美丽乡村建设提供了更为高端的项目支撑。棠棣村作为“花香漓渚”国家级田园综合体项目的核心村，积极整合现有的农业资源、产业基础和传统文化，开展千亩花田、兰心民宿等项目，积极探索建设宜业宜居宜游、农文旅融合的美丽新家园。目前，田园综合体的千亩花田项目已完成多种植物播种培育工作，呈现出万花齐放、群芳斗艳美景，将美丽宜居的生态环境转化为旅游资源。

三、以礼仪之乡建设为突破，力促乡风文明

棠棣村以建设礼仪之乡为目标，把文明礼仪教育作为精神文明建设和构建社会主义核心价值体系的具体内容，通过结合“晒家风家训”、文明家庭与星级庭院创建，开展文明家庭、平安家庭、绿色家庭评选，培育积极向上的家庭文化，不断提升全村文明素质；通过组织文艺演出、好媳妇好公婆等身边的道德模范与好人评选等活动，激发村民道德情感，提高思想道德水平；通过推行垃圾分类、开展健康养生普及，提高村民生活品质和幸福感。

2015年棠棣村建成文化礼堂、兰文化展示馆等多种功能场所，并定期开展民俗活动和文艺活动，极大地丰富了村民的日常生活。村子设立村级乡贤参事会，将先进人物凝聚在一起，发挥引领宣传的作用。这些先进人物还积极投身于村级治理，捐赠乡贤基金用于公益事业。村里集中展示村民的家风家训，建立尚德励志学子榜，不断传递社会正能量，引导村民崇德向善。

四、以实现“三治”融合为核心，凸显治理有效

棠棣村认真贯彻落实党的十九大精神，坚持发展新时代“枫桥经验”，创新基层社会治理，努力发挥好村民自治作用、法治保障作用、德治引领作用，积极建设“三治”融合示范村。着力建立和完善通畅的民意表达机制，给予村民充分参与村务的机会，促进干群关系和谐。

建立了一套村治规章制度，涵盖村务管理、党员管理、村民管理等方面，形成了依法治村的制度体系。村务管理包括决策程序、议事规则、财务管理、村务公开、公共事务管理、联系群众、干部考核等；制定《村规民约》《家风家训》守则，成立乡贤参事会、组建民情调解团，通过发挥村党组织作用，及时公正处理矛盾，切实维护村民利益，促进村庄和谐平安。

五、以农村三产融合为抓手，共谋生活富裕

为了能使农业、农村更快转型升级，棠棣村通过有效的土地流转，将承包地向专业大户、合作社等经营主体流转，推进农业规模经营；同时，棠棣村依托美丽乡村建设的良好基础，引导农民发展二、三产业尤其是农家乐、民宿、观光休闲农业等，以拓展增收渠道。棠棣村 2017 年村民人均收入达到 7.5 万元以上，是一个“藏富于民”的典型村庄。

作为“花香漓渚”国家级田园综合体项目核心村，棠棣村将依托优势兰花产业和美丽乡村建设成果，着力打造以花木交易为主导产业、以兰花文化创意体验为新兴产业的特色旅游景区村，以美丽田园带动经济发展，进一步探索产业转型提档的棠棣经验。当前，借田园综合体项目的契机，棠棣村进行土地开发，实施“旱改水”1030亩，先后在这里种植了鲁冰花、向日葵、彩色水稻、波斯菊等，利用农业景观和农业空间吸引游客凝聚人气，打造了一片千亩花田，预计可增加集体收入2000万元。

依托景区化建设现实基础，打造与村庄建设、服务设施及人文环境相匹配的精品民宿，融合餐饮、住宿、娱乐等休闲功能，完善了AAA级景区的旅游配套设施。能为前来参观的游客提供一个可观、可玩、可品的旅游落脚点，进一步促使棠棣村成为一个看得见青山绿水，记得住乡愁的乡村旅游理想目的地。

六、棠棣经验是践行“两山”理论的典范

近年来，棠棣村充分发挥“中国春兰故乡”这一资源品牌，按照“两美浙江、品质柯桥”要求，把偏僻的山坳雕琢成精致的“盆景”，走出了一条生态美、产业美、人居美的绿色经济发展之路。

作为乡村振兴的先行者，棠棣村紧紧围绕“绿水青山就是金山银山”的指引方向，无论是美丽乡村建设，还是花木产业的发展，都是“两山”理论和生态文明理念指导下发展农业、建设农村、富民增收的有效途径，是实现产业兴旺、生态宜居、生活富裕的根本保障。与此同时，棠棣村“两委”班子坚持“三治”融合“礼仪之乡建设”的举措，有利于发挥党建引领和文明风尚的柔性约束作用，特别是对产业发展的保障作用，村庄和谐促进产业昌盛，进而实现村民致富增收，最终实现从偏远山村到美丽乡村、乡村振兴样板村的华丽蜕变。

（人民网 2018 年 12 月 7 日）

二、农村文化建设存在问题的原因

农村文化处于这样的境地，原因是多方面的：

一是从农民本身看，农民表现在文化上的种种沮丧和自卑，根源在于职业自信和身份自信的失落，对改变农村面貌缺乏信心。从这个意义上来说，乡村振兴首先要解决农民的文化自信问题，增强农民对自身职业的认可，提升对乡村文化的自觉自信。

二是从外部环境看，在开放条件下，乡土文化遭受越来越多方面的冲击，农民熟悉的文化种类和文化活动方式渐行渐远，农民群众参与文化创造的热情逐渐冷淡。这就要求在重建农民精神世界、更好更多地满足农民群众娱乐需求的同时，融入更多的科技、法律、市场知识，让农村群众从活动中学到更多的致富本领，从而更好地激发他们在新农村文化建设中的主动性和创造性。

三是从乡村生活自身看，相对封闭、单调、乏味的农村文化生活，让农村的陈规陋习代代相传。不少地区调查显示，村民空余时间凑在一起谈论东家长西家短的不少，打扑克、耍麻将，甚至聚众赌博等现象也较为普遍。这样，文化需求被简单化了，且极易消磨掉人的精神追求，最严重的后果是社会主义新农村建设失去了精神动力。农村文化的这些问题，严重影响着新农村发展的未来，影响着农村社会和谐和全面小康社会的实现，必须下大力气加以解决。

四是文化创新能力弱，内容和形式亟待改进。一方面，村民受教育水平普遍偏低，制约了文化创新。由于文化教育资源不均衡，加上不重视学习的旧观念，农村辍学打工现象频现。文化基础知识普及和文明素质教育是新农村文化建设亟待解决的问题。另一方面，由于文化活动经费等方面的原因，乡镇文化站大多数没有组织过大型文化活动，唯一依靠的就是“三下乡”或者农村庙会，文化创新能力弱。

五是文化监管机制缺失。由于缺乏监管，不少地方乡镇文化站即使有良好的环境条件、文化设施，但没有有效的监管机制制约，难免存在被挤占、挪用、尘封、遗失等现象，文化总是难以摆脱可有可无的尴尬。改变农村文化建设投入不少但成效不大的状况，就要采取有效措施，加强监管。

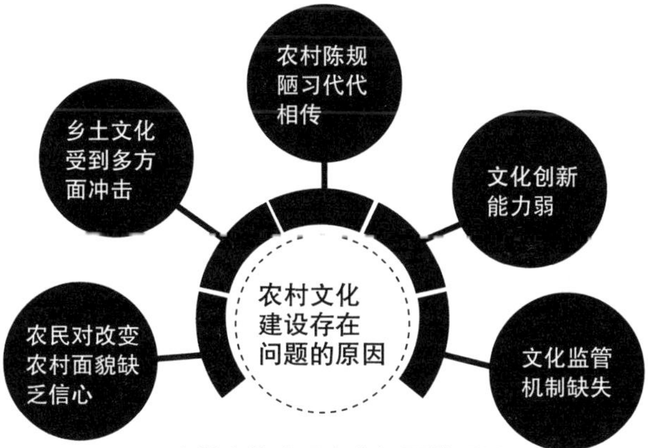

农村文化建设存在问题的原因

专家观点

乡村社会秩序失范

在快速工业化、城镇化的大潮下，农村人口流动性显著增强，乡土社会的血缘性和地缘性逐渐减弱，农村由“熟人社会”向“半熟人社会”加快演化。当下历史巨变中的乡村是“物非人更非”。一些地方乡村文化特色逐步丧失，传统重义轻利的乡村道德观念侵蚀淡化，人际关系日益功利化，人情社会商品化，维系农村社会秩序的乡村精神逐渐解体，一定程度上造成了乡村社会秩序的失范。一些农民社会责任、公德意识淡化，与家人感情日益淡漠，家庭观念不断淡化，导致不养父母、不管子女、不守婚则、不睦邻里等有悖家庭伦理和社会公德的现象增多，家庭的稳定性不断被削弱。封建迷信有所抬头，陈规陋习盛行。一些地方农村红白喜事大操大办，攀比之风和过度消费盛行。一些地方农村结婚仅彩礼一项，少则七八万元，多则十几万元，不少家庭花空家底，到处举债，因婚致贫。宗教活动泛自由化趋势明显，非法宗教活动屡禁不绝，乱建庙宇、滥塑宗教造像现象屡禁不止。在农村精神文明建设方面，缺乏一套适应农村社会结构特征、符合农民特点的有效方式、办法和载体，隔山打牛、流于形式的问题比较突出。

——中央农村工作领导小组办公室副主任　韩俊

三、以文化振兴满足农民群众的精神文化需求

先进文化不去占领农村阵地，不仅精神失去支柱，智力失去支持，经济难以发展，社会稳定存在隐患，更为严重的是，长此以往，农村这个弱势文化区域，就会被其他文化同化、吞噬，乡村逐渐失去了地域特征和人文色彩，建设社会主义新农村也就因失去了实质性内容而流于空谈，已有的建设成果也很难保证。所以，必须大力发展农村先进文化，重塑农民这个新主体，用新文化冲击旧观念，社会主义新农村建设才会有永不枯竭的强大动力。

（一）当前农村文化振兴主要着力点

一是把农民致富奔小康作为实现文化振兴的原动力。农村基层文化工作要主动适应广大农民“求富、求知、求乐”的综合性文化需求，在重建农民精神世界、满足农民群众娱乐需求的同时，融入更多的科技、法律、市场知识，让农村群众从活动中学到更多的致富本领，从而更好地激发他们在新农村文化建设中的主动性和创造性。

二是要把特色文化建设作为农村文化振兴的切入点。广大农村有着极其丰富的民间文化资源，有的甚至就“活”在广大农民的日常生活中。利用特色文化开展农村文化活动，使其成为传播先进文化的有效载体，实现农村文化创新，群众最容易接受，也最乐于参与。

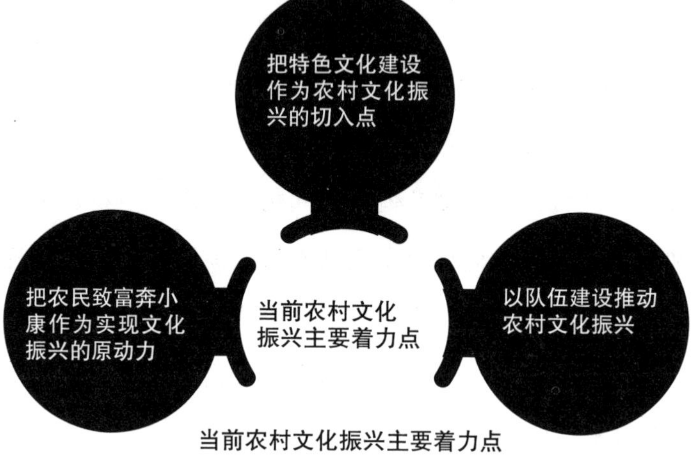

当前农村文化振兴主要着力点

三是以队伍建设推动农村文化振兴。要切实加强对农村文化人员的培训，努力提高他们的业务素质，不断增强其自主创新的能力。要加强农民业余文化队伍的建设，充分发挥典型示范作用，吸引越来越多的农民关注农村文化建设、参与农村文化建设。

总之，文化振兴是一项关涉重大、影响深远的工作，需要久久为功来做。

要制定好文化建设的总体发展规划。要切合实际，制定农村文化发展总体规划，开展农村数字化文化信息服务，加大对农村文化建设资金的投入，全力构建农村公共文化服务体系，要在全社会营造全民参与文化建设的浓厚氛围。

要增加一批文化娱乐设施。应本着因地制宜、讲求实效的原则，增加农村文化建设投入，加快农村基层文化设施建设步伐，着力打造新农村文化建设家园工程，力争镇镇建有综合文化站，村村建有文化活动室。要把集科技、图书、阅览、健身、展览、文化培训、文化活动等功能于一体的文化中心建设成为农民群众接触文化资源、享受文化权益的最直接载体，达到满足广大农民群众多层次、多方位精神文化需求的目标。

要创作一批农民群众喜闻乐见的作品。要发挥文联、文化等部门的专业特长，深入群众，深入生活，深切体会新农村波澜壮阔的时代潮流，精心描绘绚丽多彩的农村生活，多创作一些适合农民口味，可以激励人、鼓舞人奋发向上的优秀作品。同时，还要加大对农村业余作者的培养和扶持力度，鼓励他们继续乡土文学的创作，用先进文化陶冶农民情操，激发农民的主人公意识。

要定期组织丰富多彩的文化艺术活动。在继续搞好“三下乡”活动的基础上，利用“文化联动”搞活农村舞台。通过举办不同主题的农村文化艺术节活动，为广大农民提供一个展示风采、交流技艺的平台。同时，紧密结合农民脱贫致富的需求，利用农闲、节日和集市，倡导他们读书、用书、学文化、学先进实用农业科技知识和卫生保健常识，不断在农民群众中刮起“文化风暴”。

要倡导文明新风的评选活动。大力开展树新风活动，以创建小康文明示范村、评选文明卫生户、十星级文明户、好媳妇、好公婆、和睦家庭等活动，增加群众参与意识和创建意识，提升农民的精神境界，净化农村文化环境，提高农民综合素质，以此来扎实推进社会主义新农村建设，实现真正意义上的文化振兴。

新农村文化建设要坚持自觉创新。新农村文化建设要取得真正成效，必须突出一个“新”字，就是要有新招式、新做派、新气象、新风格。这就要求农村文化必须自觉创新，努力找准契合点，不断打造新亮点，这样才能更好地满足农村群众的精神文化需求。

专家观点

留住乡村的味道，守住乡愁，关键在于维护好乡愁的载体

随着乡村文化载体的城市化，乡村文化赖以生存和发展的沃土也随之丧失。因此，留住乡村的味道，守住乡愁，关键在于维护好乡愁的载体。在美丽乡村规划与建设过程中，坚决不能拆掉那些不可再生资源和具有审美财富价值的古老村庄的“银行”，去建起现代化水泥城镇的“贷款处”。推土机推不出和谐社会，大拆大建建不起美丽中国，钢筋水泥筑不起美好的“中国梦”。要留住乡愁，就是要保留乡村的“原汁原味”。保留乡村特色的风格风貌，保持乡村风格的多姿多彩，或是一片草地、一群牛羊、一坡果园，或是一座青山、一条小河、一汪水田，或是一条古道、一座磨盘、一座村庄。

——中共中央党校（国家行政学院）哲学部教授　赵建军

典型案例

以乡风文明之“魂” 筑乡村振兴之“基”
——四川荣县文明村镇创建工作综述

夜幕降临，鼎新镇红胜村村委门前1000平方米的文化广场里热闹非凡，一首《走进新时代》广场舞曲打破昔日穷山村的宁静。欢快的舞步跳出脱贫摘帽的新气象，也奏响了乡村振兴的华章。

近年来，荣县坚持把文明村镇创建作为助力脱贫攻坚、乡村振兴的重要抓手，紧扣社会主义核心价值观和德耀荣州主线，围绕农业强、农村美、农民富的目标，着力做好强保障、增内力、添活力“三篇文章”，筑牢广大农民群众的精神家园，提升农村群众精神风貌，为助力乡村振兴注入强大精神动力。

广泛深入宣传 滋养文明乡风

乡间房屋错落有致，居住环境整洁优美，文化生活丰富多彩，风土人情醇香如酒……全国文明村——双石镇金台村秀丽风光与文明风尚交相辉映。“色彩缤纷的雕塑呆萌可爱，乡村故事漫画栩栩如生，这里不仅步步是风景，更处处有‘文明’。”每当向外地游客介绍时，村民们的自豪之情都溢于言表。

近年来，荣县运用群众乐于接受的方式、易于理解的语言、富有感染力的表述，以优秀传统文化、“四德”宣传等为内容，在新村集居点、农村广场等农村生产生活主要场所，植入农民漫画、卡通、雕刻等核心价值观形象景观，浸润式引导广大群众的共同价值追求。荣县先后创编《社会主义核心价值观漫画册》20万册，雕塑景观200余处，打造玉章故里景区、鼎新西堰村等示范点20余个。

此外，还通过深挖玉章精神、开发玉章精品课程、开办玉章精英讲堂，将文化资源根植乡土；通过组织“五老”向广大村民开展革命传统和爱国主义教育，设立善行义举榜，建设民风文化墙，用家风家训涵育乡村振兴文化内蕴，深入挖掘弘扬优秀传统文化的道德内涵，有力推进乡风文明进农村、优秀文化进农家、传统美德进民心。

倡导移风易俗　引领文明风尚

“治理大操大办、热衷攀比等不良风气，推动移风易俗。我们和村民有一个‘美丽之约’，就是红白理事会约定。倡导红事新办、白事简办，村民们很支持，效果也很好。”新桥镇赶场冲村负责人在介绍该村推进乡风文明建设经验时说道。

该村2018年初制订出台实施方案，对礼金、请客人数等做出了具体限额，将移风易俗内容融入村规民约，签订承诺书，大力倡导婚事新办、丧事简办，约定办事规模和标准，形成老百姓自己的“土规定”“好规矩”，文明理念在该村蔚然成风。

“四川好人”谭政权十年如一日倾心照顾智障邻居，全省首届脱贫攻坚奉献奖获得者黄俊芳、致富能手邓翠英等来自各行各业的新乡贤躬身带领广大群众脱贫攻坚……“荣县好人”不断涌现，善行义举温暖全县，文明之风吹满荣州大地。

新时代展现新风貌，推进乡风文明建设需要春风化雨、润物无声。近年来，荣县坚持扶贫扶志与移风易俗相结合，突出“德耀荣州”主题，开展“月评好人”活动，表彰荣县第五届道德模范，开展十大乡贤评选，利用田园微巡讲、院坝故事会传递榜样力量，这些都成为搞活农村文化、育实乡风文明、创新成风化人的好载体，引导全县广大群众树立新风。

涵育乡村文化　激发乡村活力

2018 年 11 月 2 日，长山镇市民广场里歌声嘹亮、舞蹈翩翩。村民、学生、教师、企业职工自编自排的 20 个乡土节目闪亮登上荣县春晚海选舞台，两个多小时的海选现场，掌声不断，1000 多名赶集路过的群众一饱眼福。在荣县进行的春晚海选舞台上，普通村民成了主角，通过表演节目，或宣传社会主义核心价值观，或弘扬社会正能量，这个“大舞台”，成了对群众进行思想教育的宣传阵地。

近年来，荣县策划“迈进新时代·欢乐新荣州”重大文化活动，开展“全民春晚四下乡”、全民阅读等活动 1000 余场次，细化亮“星”、争“星”、评“星”、颁“星”程序和标准，评选“五星级文明户”1200 户。

一系列的文化建设举措引发的蝴蝶效应，带来的不仅是乡村面貌的改变，更为经济增长、文化进步和美丽乡村建设提供了动力和支撑。荣县“两能、两退、两老”文明志愿者队伍，致富能手、技术能人等“土专家、田秀才”千家万户“带”技术，退休教师、退伍军人也纷纷加入到文明建设中来，积极培育新型农业经营主体，为乡村振兴提供人才支撑。道德模范虞桂兰发起成立果蔬协会，吸纳84户贫困户为会员，义务帮销优质柑橘、蔬菜，销售额达360万元，带动户均增收2万元，提高了村民的获得感和幸福感。

文明之风徐徐来，乡村振兴奏华章。文明在荣州大地生根发芽，让荣山旭水更美了，农村有了新风貌，农民有了新面貌，为荣县乡村振兴筑起了坚实基础。

（人民网2018年11月14日）

（二）村规民约：有规矩才成方圆

邻里和睦，民风淳朴，这是陕西省旬阳县金寨镇留给人的印象。几年前的金寨镇上访不停、纠纷不断。为了扭转这一局面，金寨镇紧跟旬阳县“法治、德治、自治”三治融合步伐，用村规民约立本，以道德评议育人，大力推进乡村移风易俗工作，使社风民情有了根本转变，成了远近闻名的文明之镇、礼仪之乡。

金寨镇地处秦巴连片特困地区，辖10个村（社区），68个村民小组，4063户1.55万人。近年来，随着社会深刻变革、转型加快，受多元思想文化和外部环境影响，乡镇里的矛盾越来越多。一些诸如老人赡养、子女教育、邻里纠纷的问题实际上属于道德问题，法律手段用不上、行政措施难奏效，小问题慢慢就发展成了大问题。为此，金寨镇首先想到的是以村规民约的形式树立标准，规范村民的言行。这些规定并不是死板的条条框框，而是根据具体村的具体情况，在村民们的具体商讨中决定的。规矩是村民们自己定下的，执行起来就少了很多借口。就拿村里的红白喜事来说，规定上墙后，大操大办的歪风邪气被制止了，份子钱的重担也减轻了，村民们享受到了自己给自己“松绑”的喜悦。

只有规矩还不够，关键需要有评优惩莠的好方法。金寨镇在旬阳县委县政府的指导下，在村镇推行起道德评议工作。道德评议还让一些“靠在墙头晒太阳”的“懒汉”有了大转变。“在道德评议会上，乡亲们的批评与劝导让我痛哭流涕，认识到自己等靠要的错误思想。现在，我种了 24 亩烤烟，十几亩玉米，还喂了 4 头猪，养了 5 头牛，生活变得越来越好。”寨河社区居民吉元兵说。

延伸阅读

1.《徐州马庄：从“物质翻身”到“精神富有”》，《光明日报》2018 年 3 月 7 日。

2.《黄渠桥镇：文化活力增添乡村振兴动力》，《宁夏日报》2018 年 5 月 12 日。

3. 常钦：《让乡村文化真正活起来》，《人民日报》2018 年 4 月 8 日。

深度思考

1. 改革开放以来，随着新农村文化建设的推进，我国农村发生了哪些变化？存在哪些问题？原因是什么？

2. 在新时代，如何解决农村文化发展中存在的问题，进而推动文化振兴？

第五章

物以载道，文以立心；两个文明，同频共振

新时代，农村必须有新气象，要成为“产业兴旺、生态宜居、乡风文明、治理有效、生活富裕”的新农村。2017 年 12 月，习近平总书记在徐州市考察时强调，实施乡村振兴战略要物质文明和精神文明一起抓，特别要注重提升农民精神风貌。

要立足乡村文明，汲取城市文明及外来文化优秀成果，在保护传承的基础上，创造性转化、创新性发展，不断赋予时代内涵、丰富表现形式，为增强文化自信提供优质载体。

一、当代农村精神文明发展与物质文明的不同步

物质文明是人类改造自然的物质成果，表现为人们物质生产的进步和物质生活的改善，是精神文明的物质基础，对精神文明特别是其中的文化建设起决定性作用。物质文明的性质由生产方式所决定。社会主义的物质文明，要在社会主义生产关系的基础上，继承和汲取人类文明的全部有价值的物质成果，并加以创造和发展。

精神文明是人类在改造客观世界和主观世界的过程中所取得的精神成果的总和，是人类智慧、道德的进步状态。精神文明主要表现为科学文化和思想道德两个方面。社会主义精神文明以马克思主义为指

导，它的发展需要物质文明提供物质条件和实践经验，同时又为物质文明的发展提供精神动力、智力支持和思想保证。社会主义精神文明是社会主义社会的重要特征，是中国特色社会主义社会不可缺少的重要方面。

社会主义物质文明与精神文明建设互为条件，又互为目的。物质文明的建设是社会主义精神文明建设不可缺少的基础，是建设现代化社会主义强国的一项战略目标。社会主义精神文明与物质文明是一种相辅相成的关系，精神文明推动物质文明建设的发展，物质文明是精神文明的基础和保证。

历史证明，社会主义现代化建设必须一手抓物质文明，一手抓精神文明，同时加强两个文明建设。改革开放以来，农村物质文明发展突飞猛进令人惊叹，亿万农民生活水平的提升有目共睹。特别是新农村、美丽乡村建设战略实施以来，农村的环境、面貌焕然一新，农民的文化生活逐渐丰富起来。但是，农村精神文明建设依然不容乐观，精神文化发展不均衡、不充分现象依然存在，东西部地区村民的精神文化状态不在一个层次，即使同属东部地区，由于种种原因，地区差异也很大。在中西部欠发达地区的农村，农民的精神世界还处在一个嗷嗷待哺的状况，与物质文明相比，精神文明建设“慢了半拍”。精神文明的短板制约了社会主义新农村的全面发展，不仅影响了物质文明的发展，更是许多农民农村问题产生的根源，必须高度重视，采取有效措施提升农村的精神文明水平。

2018 年，中共中央宣传部、中央文明办印发通知，部署学习贯彻习近平总书记在江苏徐州市考察时对农村精神文明建设工作的重要指示精神，进一步加强农村精神文明建设，提升农民精神风貌。通知指出，习近平总书记的重要指示，充分体现了以习近平同志为核心的党中央对农村精神文明建设的高度重视，对亿万农民群众的深情关怀，是做好新时代农村精神文明建设工作的根本遵循。要深刻领会其中蕴含的物质文明和精神文明之间的辩证关系，深刻认识农村精神文明建设在实施乡村振兴战略中的重要地位，准确把握做好新时代农村精神文明建设的基本任务和要求，大力加强农村精神文明建设，切实提升农民精神风貌，为全面建成小康社会提供坚强的思想保证、强大的精神力量、丰润的道德滋养、良好的文化条件。通知强调，各级党委宣传部和文明办要把学习贯彻习近平总书记重要指示精神与学习贯彻习近平新时代中国特色社会主义思想和党的十九大精神结合起来，运用农民群众喜闻乐见的形式，深入开展中国特色社会主义和中国梦宣传教育，开展爱国主义、集体主义和社会主义宣传教育，引导农民群众听党话跟党走，坚定中国特色社会主义道路自信、理论自信、制度自信、文化自信。要针对农村干部群众关心的热点、难点问题，深入解读党和政府各项政策措施，凝聚农民群众的精气神，合力建设农业强、农村美、农民富的好生活。

二、促进乡村全面振兴，必须坚持物质文明和精神文明一起抓

（一）实施乡村振兴战略，物质文明要抓好

发展是硬道理，经济不发展，一切都无从谈起。只有坚持发展不动

摇，才能解决中国面临的问题；只有继续集中力量把自己的事情办好，不断开拓发展新境界，才能更加有效地应对各种风险和挑战。实施乡村振兴战略，既要推动经济健康增长，又要促进文化繁荣发展；既要加厚物质基础，又要筑牢道德根基。为此，我们必须坚持以经济建设为中心，不断深化改革，推动产业优化升级，实现更高质量、更有效益、更加公平、更可持续的发展，为乡村全面振兴提供雄厚的物质基础。

中国要强，农业必须强。目前的普遍情况是，做农活不但辛苦而且收入少，很多农村青壮年纷纷离开家乡外出打工，因此要发展农业就要构建现代农业产业体系，发展多种形式适度规模经营，促进农村一二三产业融合，支持鼓励农民就业创业，拓宽增收渠道。

中国要富，农民必须富。实施乡村振兴，生活富裕是根本，我国乡村居民收入显著低于城市居民。让农民富起来，全面建成小康社会，是我们党和政府的庄严承诺，要让贫困人口脱贫致富，让富裕百姓更上一层楼。

当前，农村经济发展遭遇新的发展困境，必须采取有效措施应对，确保农村经济增长、农民有效就业、农民收入的提升。

进入新时代，我国最大的发展不平衡，是城乡发展不平衡；最大的发展不充分，是农村发展不充分。现在，农业发展质量效益竞争力不高，农民增收后劲不足，农村自我发展能力弱，城乡差距依然较大。

产业兴，则农民富、乡村活。产业兴旺是实施乡村振兴战略的基础，也是当前农村经济工作的重心。在党的十九大报告中，产业兴旺位列战略要求的首位。只有发展好农村产业，从根本上解决农民增收问题，生态宜居、乡风文明、治理有效、生活富裕才能变为现实。

一要着力发展现代农业，吸引资金、人才、技术、信息等现代要素向农业聚集，把传统农业改造为现代农业，实现农业发展提质增效。

二要促进一二三产业融合发展。要以农业为中心拓展多种产业，做强农业，提高农业竞争力，充分挖掘农业多功能性，延长产业链条，发展农产品加工业，促进一二三产业融合发展，大力发展农业农村服务产业。要实现产业兴旺，必须在政策上继续实行“以工促农，以城带乡”政策，通过政策推进农业农村产业兴旺，实现由城乡一体化向城乡融合的转变。

三要因地制宜，培育新产业新业态，让绿水青山真正成为“金山银山”。改变投入不足、基础设施滞后、服务品质不高等硬差距，解决好专业规划、旅游产品创新等软问题，积极推进文化旅游农业深度融合。

四要发挥农民主体作用。只有让农民共商共建共享本地的产业发展，支持其成为产业兴旺的参与者、引领者和受益者，让农民真正富起来，留住农村青年人才，提升农民的获得感、幸福感和安全感，才能真正使乡村振兴从“输血”向“造血”转变。要加大对农民的免费培训力度，提高农民参与产业发展的能力。积极支持农村“能人”发展农产品深加工、机播机收、动植物疾病防治等生产性服务业以及文化旅游、休闲观光、乡村民宿、共享农庄等生活性服务业。同时，把对新型农业经营主体的政策扶持力度与其带动小农户的数量和效果挂钩。鼓励农户加入专业合作社、行业协会等，增强农户联合起来参与市场谈判的能力。

产业兴旺是实现农业现代化的关键，是做好“三农”工作的大逻辑，是乡村振兴的头等大事。要坚持质量兴农、效益优先、绿色导向三原则，让农业有文化说头、景观看头、休闲玩头，让农民有更多赚头，始终维护农民权益，增加农民收入，提高农民群众获得感、幸福感，物质文明上去了，精神文明才可能上去。

素有“打工第一县”之称的开州区位于重庆市东北部。早年间，唐华章夫妻二人跟随这一潮流，选择外出务工，由老人在家照顾小孩。就这样忍受着跟孩子分离的苦楚，辛辛苦苦一年到头收入差不多5万元。如今，返乡种植橙子的他们不但可以自己照顾小孩，年收入还可以净赚10万元。开州区是全国闻名的劳务输出大县，常年有60%以上的青壮年在外打工。而有着上千年橙子种植历史的开州区，却因为果园基础弱、规模小、产量低，规模效益差，对外地客商缺乏吸引力，果农陷入丰产不丰收的尴尬境地。果贱伤农，很多果农只好荒废果园，选择背井离乡外出打工，于是大山里就有了很多的“留守儿童”“留守老人”。为改变这一局面，2003年，开州区提出用科技打造“中国锦橙第一县”的战略目标，2009年，专注于橙汁生产的天溢森美经当地招商引资入驻。作为国家农业产业化龙头企业，天溢森美为当地带来了先进的种植技术，改良了锦橙品种，选择走晚熟橙子的发展之路，做到不与“两湖”抢早熟，不同赣南争中熟。在种植方式上，该公司派出大批技术员下到一线，帮助果农解决种植中遇到的问题，指导果农科学种橙。同时制定统一的品质标准，签订收购合作协议，极大提升了果农的积极性。“不会种、种不好，不会卖、卖不掉”难题的解决，吸引了越来越多的农民踏上返乡种橙之路。

（二）实施乡村振兴战略，精神文明也要抓好

实施乡村振兴战略，关键在农民，在农民的精神风貌。农民精神风貌提升了，乡村振兴就会获得强大的精神力量。加强农村精神文明建设是提升农民精神风貌的基本路径。

乡村是田园故里、礼仪风俗、亲情血脉等与生活最为贴近的地方，乡村的秩序、风俗和文明，保存着中国文化的根和魂。乡村振兴战略除了产业发展、生态宜居、生活富裕外，还包括乡村治理、乡风文明等保留乡土气息和文化的整体性发展的要求。因此要大力推进农村精神文明建设，弘扬优秀传统文化和文明风尚，依托村规民约、教育惩戒等褒扬善行义举，贬斥失德失范；要加强和改进思想政治工作，弘扬科学精神，普及科学知识，开展移风易俗、弘扬时代新风行动，唱响主旋律，育成新风尚，要让乡村真正成为“月是故乡明”那样的心中的净土。

当前做好农村精神文明建设，提升农民精神风貌，要坚持以下三点。

第一，将学习贯彻习近平新时代中国特色社会主义思想和党的十九大精神结合起来，提升农民的精神风貌。习近平新时代中国特色社会主义思想和党的十九大精神是新时代农村发展的理论指导，指导农村的物质文明建设和精神文明建设。广大农民只有通过学习，才能树立正确的发展观，才能听党话、跟党走，坚定中国特色社会主义道路自信、理论自信、制度自信、文化自信，从而在新时代谱写农村发展的新篇章。思想引领行动，农民只有用先进的思想武装头脑才能凝聚精气神，合力建设农业强、农村美、农民富的美好生活。要用农民喜闻乐见的形式进行

宣传教育，让农民欢欣鼓舞地贯彻新精神，学习新思想。

第二，着力培育新型农民，持续推进移风易俗、弘扬时代新风行动，提升农民的精神风貌。移风易俗是农村精神文明建设的重要内容。移风易俗要做好加减法，要减掉陈规陋俗，要增加新风新俗，丰富农民群众文化生活，深化农村精神文明创建活动，补齐贫困地区精准脱贫的“精神短板”，要让农村的新风新俗为农村的发展助力扬帆。移风易俗不是全盘否定传统风俗，而是传承创新，让传统风俗放下包袱，推陈出新，成为今天新风俗、明天好传统。

第三，带领农民群众解放思想、振奋精神，学好致富技能和本领，提升农民的精神风貌。物质决定意识，让农民增长致富的真本事是农村精神文明建设的重头戏。精神文明建设必须不驰于空想、不骛于虚声，一步一个脚印，踏踏实实干好工作。精神文明建设应该是实实在在的工作，要在实实在在的工作中，让农民思想上有收获，素养上有提升，能力上有长进。要让农民群众在精神文明建设活动中解放思想，打造广阔胸怀；振奋精神，昂扬奋斗力量，从而让农民有获得感、充实感、幸福感。

乡村振兴是我国农业发展的一场崭新革命，革命取得胜利，首先要提升农民精神风貌，而提升农民精神风貌，关键是做好农村精神文明建设工作。

知识链接

加强农村精神文明建设

引导农民践行社会主义核心价值观，巩固党在农村的思想阵地。加强宣传教育，做好农民群众的思想工作，宣传党的路线方针和强农惠农富农政策，引导农民听党话、感党恩、跟党走。开展新时代文明实践中心建设试点，抓好县级融媒体中心建设。深化拓展群众性精神文明创建活动，推出一批农村精神文明建设示范县、文明村镇、最美家庭，挖掘和树立道德榜样典型，发挥示范引领作用。支持建设文化礼堂、文化广场等设施，培育特色文化村镇、村寨。持续推进农村移风易俗工作，引导和鼓励农村基层群众性自治组织采取约束性强的措施，对婚丧陋习、天价彩礼、孝道式微、老无所养等不良社会风气进行治理。

——《中共中央 国务院关于坚持农业农村优先发展做好“三农”工作的若干意见》（2019 年 1 月 3 日）

（三）坚持物质文明和精神文明一起抓

物质文明和精神文明协调发展是社会主义社会的本质要求。要坚持物质文明、精神文明“两手抓、两手都要硬”。实施乡村振兴战略，不仅要让农民“住上好房子、开上好车子”，还要让农民“过上好日子、活得有面子”，满足其精神需求。特别是在乡村居民生活水平已经接近全面小康、衣食住行已经不成问题的现阶段，满足农民的精神需求，就显得更为重要，也更为迫切。但是，当前农村建设中，关于二者的关系却常常存在认识误区。

一是重物质文明，轻精神文明。乡风文明建设由于周期长、见效慢，且不容易考核，一些地方领导把它当作“虚功”“慢活”，不愿投入太多精力。但是，随着城镇化的推进和农村人口的迁徙，过去的社区性集体经济的格局已被打破，情况变化了，乡风建设的方式方法却没有变化。面对一些亟待解决的社会问题，有些地方重视不够，有些地方看到了问题的严重性，却没有解决问题的办法，以致束手无策。

二是先物质文明，再精神文明。这种观点认为，农村最主要的问题是农民经济问题，是增收难的问题，解决“三农”问题的关键是解决物质文明，物质文明了，精神自然也就文明了。这种观点抛开了当前农村物质文明发展的客观现实，避开当前农村发展的迫切要求，无视农业农村发展的短板，不理解乡村振兴的真实内涵和战略部署，不利于乡村全面振兴，不利于农村全面小康社会的建成，必须摒弃。实际上，当前农村经济社会发展中的许多问题已经充分表明，文化的短板制约农村发展，经济、社会问题的根源在于精神文明建设。

此外，在精神文明建设中，还存在重视政府主导作用、轻视农民主体作用的现象。在精神文明建设方面，一些地方政府大多将农民置身事外，不关注农民的参与性，不注意调动农民的积极性，农民成了局外人。农民的主体地位没有得到体现，积极性没有发挥出来，导致精神文明建设成效不大。一些地方政府重视硬件建设、轻视组织活动。近年来，通过多部门多渠道投入，各地兴建了一大批乡村文化设施和活动场所，但是钱花了，项目做了，利用率不高，农民精神获得感不高。有些村里图书室里的书蒙满了灰尘，有的文化设备就从来没有启封，有的活动室常年上锁。农民平时除了看电视就是打牌，正常的文化活动和社会交往缺乏，农民精神世界堪忧。农村精神文明建设中存在的问题，给农村精神文明建设提出了新的课题和任务。

专家观点

提高认识、端正观念、把握规律、落细落实

长期以来，存在这样一种观念：认为经济是第一位的，文化是第二位的；前者是实的，后者是虚的；前者是有用的，后者是无用的。正是在这种观念的支配下，有些地方有意无意地忽视文化建设。实际上，这种观念完全违背了马克思主义关于经济和文化辩证关系的思想。经济和文化二者之间不仅存在着决定和被决定的关系，也存在着双向建构和耦合互动的关系，因而无所谓第一第二、孰重孰轻的问题，必须将其放在同等重要的地位加以看待。

文化和经济一样，也有其自身的客观规律。在乡村文化振兴的实践中，我们要深入研究文化自身的规律，并按其规律办事，切忌莽撞蛮干，搞一哄而上和一刀切。对于乡村农耕文化传统，我们应持虔诚敬畏的态度，正确处理好继承和发展的关系。继承是前提，没有继承，就没有发展，而发展是更好的继承。

对于乡村文化的硬件建设，必须从制度上制定达标的规范，以保证资金到位、项目到位、落实到位；通过“最美家庭”“孝子孝媳”“好公婆”“好妯娌”等评选活动，激发农民向善向上的道德情感；制定完善乡规民约，严禁黄毒赌，慎砍树、禁挖山、不填湖、少拆房，反对陈规陋习，倡导文明新风；开展“培育中国好家风”活动，挖掘和弘扬家训家教中的优良传统；等等。乡村文化振兴是一个日积月累的长期过程，必须常抓不懈，久久为功，方能春风化雨，润物无声，开创乡村文化振兴的新局面。

——武汉大学哲学教授、博士生导师　左亚文

坚持“两手抓、两手都要硬”，需要我们研究新问题，拿出新措施，特别要在制度创新上下功夫。要深化文化体制改革，建立科学合理、灵活高效的管理体制和文化产品生产经营机制，规范文化市场秩序，保证文化事业和文化产业健康有序地发展。要强化法治观念和规则意识，加快立规立法，把精神文明建设要求更多地转化为刚性的法律约束，在推动物质文明健康发展的同时，也保证精神文明建设有效提升。要探索实践出一套适应现代社会特别是市场经济发展要求的协调发展机制，确保物质文明建设和精神文明建设能够相互促动、共同进步。

习近平总书记指出，要认清物质文明建设和精神文明建设的最终目的是什么，GDP、财政收入、居民收入等是一些重要指标，但都不是最终目的，其最终目的就是要促进人的全面发展，包括改善人们的物质生活、丰富人们的精神生活、提高人们的生活质量、提高人们的思想道德素质和科学文化素质等。这启示我们，物质文明和精神文明

一起抓，要贯彻以人为中心的思想，聚焦于人的全面发展，这是一切工作的逻辑起点和核心。新时代坚持物质文明和精神文明一起抓，要坚持农民是建设主体的原则，要有整体规划，要在体系建设上下功夫，在建设路径上做文章，讲好农村故事。

典型案例

太来乡芭蕉村：乡风文明激发发展动力

太来乡芭蕉村村民叶胜碧是远近闻名的种地能手，又是村里文化活动的带头人。在她的带动下，村里组建起20人的文艺宣传队，将移风易俗内容巧妙融合在小品、快板等节目的表演中，向村民宣传政策法规、“五城同创”等，助推乡风文明建设。

近年来，芭蕉村以建设生态文明村为目标，在乡党委、政府指导下组建文明创建领导小组和办公室。通过各种活动，促进村民文明意识和文明素质不断提高。

村文明创建领导小组首先带领村民开展村容村貌集中整治，不断完善卫生清扫保洁、绿化管理、环境管理等规章制度，创新垃圾“户聚、村收村保洁、乡运乡处理”管理模式，严格落实乡村环境网格化管理长效机制，在绿化、美化、亮化村容村貌的同时，有效杜绝了乱倒乱丢、乱张乱贴、滥砍滥伐、滥采滥挖等不文明现象。

此外，还建起了多功能村文化活动室和村级文化广场，并配齐图书、文化设备和健身器材，丰富村民的精神文化生活。建立了以党员、青年、“五老”为主的志愿者队伍，随时走访和关爱困难群众，带头倡导乡风文明。

同时，乡风文明激发了村民脱贫致富的内生动力，按照村民意愿，该村建起了400亩蔬菜、大葱种植示范基地，在壮大村集体经济的同时为村民开辟了一条致富渠道。

目前，芭蕉村原有的6户精准扶贫户已全部脱贫。该村力争贫困人口发生率控制在10%以内，村民人均可支配收入逐年增加。

（《贵州日报》2017年7月11日）

三、让精神文明唱响乡村振兴战略主旋律，用文明、文化塑造农村的“精气神”

进入新时代，随着农村经济社会结构的变迁及农民生活水平的提高，农民需求和追求发生了变化。过去农民关心“有没有”“够不够”，发展到了今天追求“好不好”“美不美”，由物质匮乏年代的看重数量到富裕起来的对质量的追求，体现了社会的进步和人民幸福指数的提升。

新时代具有新气象。让农村文化的发展成为乡村振兴的先行者和发动机，用先进文化凝聚乡土的精气神，用富有地域特色的文化符号引领农村的发展，无疑是新时代农村发展的题中之义。让农民群众在共建共享中拥有更多获得感、幸福感，焕发昂扬向上的精神风貌，让乡土文化成为农村精神文明建设的主基调，已经成为一种不争的共识。

（一）立足乡土文化的精神塑造

乡土是千百年来农业社会发展特点的集大成。要深刻认识到农村精神文明建设在实施乡村振兴战略中的重要地位，准确把握做好新时代农村精神文明建设的基本任务和要求，在深化各种形式上的精神文明创建外，还必须重视乡土文化的构建，用接地气的文化去引领农村发展和农民致富。

1. 立足乡土文化，塑造新时代农村的价值秩序

在我国城镇化加快、社会价值追求多样化的背景下，乡村社会同样也面临着人际关系的信任危机、乡村归属感下降、陈规陋习还存在的系列问题。因此，在乡村这样一个“熟人”系统的领域，需要通过家风的教育和村规民约的形式来逐步规范每一个居民的行为，塑造新时代的农村价值秩序，形成一种向好向善、见贤思齐的新风尚。同时，要注意本土各种形式文化中有关价值观的故事、戏曲等，让这些喜闻乐见的事物来感染广大村民，从而让他们自觉抵制有悖于公序良俗的糟粕。

2. 立足乡土文化，传承文化与产业延伸相互融合

党的十九大报告在提到乡村振兴战略时指出，要坚持农业农村优先发展，按照产业兴旺、生态宜居、乡风文明、治理有效、生活富裕的总要求，建立健全城乡融合发展体制机制和政策体系，加快推进农业农村现代化。因此，政府部门必须充分挖掘农村所蕴含的历史文化资源和景观资源，利用这些资源倾力打造“一村一品”，拓展产业功能，逐步形成产业支撑乡村建设之路。

3. 立足乡土文化，发挥新乡贤的引领作用

乡贤是农村中具有文化意识的“红色头雁”，具有一技之长的新型农民，热心村社事务的村民议事会、道德评议会、红白理事会、禁毒禁赌协会等群众组织和新乡贤，是乡村文化振兴的最大受益者和最重要的力量源泉，也是乡村振兴成效的最终评价者。盘活这些人力资源，乡村振兴前景可期。以乡情为纽带，以优秀基层干部、道德模范、身边好人的嘉言懿行为示范引领，推进新乡贤文化建设，不仅有利于延续农耕文明、培育新型农民、涵育文明乡风、促进共同富裕，还有利于中华优秀传统文化创造性转化、创新性发展。各地必须有针对性地健全完善招贤纳士的制度，挖掘乡贤背后所隐含的精神价值和时代意义，以“亲情、友情、乡情”为纽带，吸引他们回到农村，留在农村，用他们身上散发出来的文化道德力量教化乡民，从而推进农村精神文明建设。

（二）农村精神文明建设的基本要求

新时代农村精神文明建设，要从乡村的实际情况出发，用好农村各种传统文化资源，要始终尊重农民的文化需求和文化创造，着力塑造新时代农民的精神面貌。

1. 强化教育引导，把握精神文明建设方向

乡风文明建设必须反映时代要求和乡村振兴需要，引导农民群众思想观念和行为习惯等逐步与农村社会治理现代化的要求相适应。首先，开展好形势政策教育。把农民群众关心的各类问题搞明白，有针对性地解疑释惑、增强信心、凝聚共识，引导农民群众听党话、跟党走。

其次，发挥好社会主义核心价值观的引领作用。用农民群众乐于接受的形式和通俗易懂的语言，引导农民群众增强对社会主义核心价值观的认同，在乡村形成知荣辱、讲正气、促和谐的好风尚。再次，组织好科技文化知识学习活动，注重专业和就业技能培养，帮助农民掌握实用技术，提高农民科学文化素质。最后，坚持不懈地对农民进行普法教育，增强农民和基层干部的民主法治意识，努力在农村形成遵纪守法光荣、违规违纪当罚的知法与执法的良好环境。

2. 保护开发并重，传承优秀传统文化

振兴乡村要留得住乡韵、记得住乡愁，保留优秀文化形态、保存文化基因，珍惜文化资源、守护文化根脉。首先，保护乡土文化的物质载体。维护古镇、古村落、古民居等历史风貌，避免大拆大建，大力发展有历史文化记忆和地域民族特色的美丽乡村。保护和发展民间文化，传承独特的风格样式，赋予新的文化内涵，使优秀民间文化活起来、传下去。其次，开展好节庆活动。用好各类传统节日，组织开展各类民俗文化活动，让节日更富人文情怀、让农村更具情感寄托。

3. 发展农村民俗文化产业，带动无形资产的积累

充分利用网络技术和设施，运用市场力量，加大财政投入、理顺发展机制，借助农村民俗文化发展各类创意产业。发挥地域和资源优势，把乡风建设与乡村旅游和新兴产业建设结合起来，建设各具特色的小镇和专业村，提升乡村文化品位，建设乡风文明的示范村。同时，移风易俗，消除陈规陋习。依靠群众制定和完善村规民约，推动农村社会风气的根本好转。

4. 拓宽乡风文明建设的有效渠道

县乡政府要负起乡风文明建设的责任，领导、组织和协调好有效的公共文体服务。县办文化、体育、展览、图书等事业单位应发挥乡村精神文明建设的主导作用，坚持下乡开展农民喜闻乐见的文艺演出、农科大集和具有乡土特色的文化交流活动。在具体过程中，一方面坚持适销对路，由政府主观推送转向尊重农民实际需求，分层次、有区别地为农民提供文化服务的原则；另一方面要坚持由政府“单一供给”转向“多元供给”的原则，鼓励和支持社会力量兴办公共文化服务活动。同时，应用市场手段整合民间艺术资源，发挥文化能人、民间艺人的作用，组建群众文艺队伍。广泛动员农民参与，“农民演给农民看”，将道德教化与文艺结合起来，使表演者和观众都能受到教育。

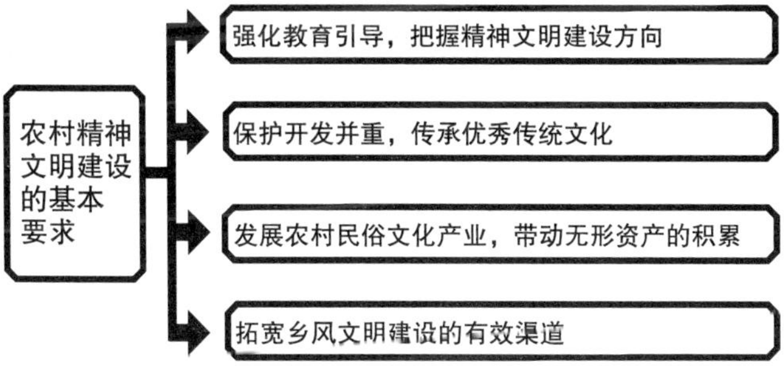

农村精神文明建设的基本要求

1988 年，江苏省徐州市贾汪区马庄村，村集体拿出 3 万多元购买了长号、黑管等西洋乐器，成立了苏北第一支农民铜管乐团。30 多年来，这支农民乐团坚持演农村事、说农家话、道农民情。他们不仅是文艺表演团，还是政策理论“解读员”、时事政治“宣讲员”、法律法规“宣传员”。在这支乐团带动下，2004 年马庄又组建了“百人锣鼓队”“马庄民俗表演团”，形成了三支“红色文艺轻骑兵”队伍。如今的马庄，80 多岁的非遗中药香包传承人王秀英带动全村发展香包产业，村里建成香包主题客栈、香包广场和民俗手工坊，年销售额超过 600 万元。马庄农民乐团和民俗表演团每年参加公益性演出 80 余场，受邀参加商业演出 140 余场。依托文化产业修建的综合性农家乐体验中心，每年接待游客 20 余万人次……以文化人，向上向善。马庄村的实践告诉我们，深刻领会物质文明和精神文明之间的辩证关系，着力推动两个文明同频共振、协调发展，让其成为新农村建设和乡村振兴的双引擎，是满足农民群众美好生活需要的新抓手、新渠道、新路径。

实施乡村振兴战略，是以习近平同志为核心的党中央做出的一项新的战略部署。“两个文明”一起抓是解决好“三农”问题的大道通途，要将物质文明和精神文明常抓不懈、平衡发展，让物质和精神齐头并进，为建设美丽乡村和实现乡村振兴提供保障，为实现中华民族伟大复兴的中国梦保驾护航！

延伸阅读

1. 习近平：《在庆祝改革开放 40 周年大会上的讲话》，《人民日报》2018 年 12 月 19 日。

2. 韩俊：《谱写新时代农业农村现代化新篇章》，《人民日报》2018 年 11 月 5 日。

3.《十八大以来治国理政新成就》（上、下册），人民出版社 2017 年版。

深度思考

1. 进入新时代，坚持物质文明和精神文明协调发展有何重要意义？

2. 农村物质文明和精神文明不同步发展，为乡村振兴带来哪些不利影响？如何消除？

3. 在乡村振兴战略实施过程中，如何坚持物质文明和精神文明一起抓？

第六章

价值引领，铸魂化人；明确指向，凝神聚力

人民有信仰，民族有希望，国家有力量。改革开放之初，我们党创造性地提出了建设社会主义精神文明的战略任务，确立了“两手抓、两手都要硬”的战略方针。党的十八大以来，以习近平同志为核心的党中央围绕深化精神文明建设又做出了一系列重要部署。“要继续锲而不舍、一以贯之抓好社会主义精神文明建设”“把精神文明建设贯穿改革开放和现代化全过程、渗透社会生活各方面，紧密结合培育和践行社会主义核心价值观”“抓精神文明建设要办实事、讲实效，紧紧围绕促进人民福祉来进行”。习近平总书记的一系列重要论述，为我们做好新时代精神文明工作提供了基本遵循。中国要美，农村必须美。农村美根本在精神，要以凝练精气神为核心，打造具有乡土气息的乡土精神为最终目标。乡村振兴战略下以美丽乡村建设为主题，以社会主义核心价值观为引领，加强深化农村精神文明建设，对提高农民文明素质和农村社会文明程度具有重要意义。

一、社会主义核心价值体系是乡村文化振兴之本

任何社会都有自己的价值体系，核心价值体系是社会上占主导地位的价值观念的总和，是社会成员用以调整社会生活和社会行为的一系

列价值规范和准则的总和。党的十九大报告把坚持社会主义核心价值体系作为新时代坚持和发展中国特色社会主义的基本方略，为新时代推进实施乡村振兴战略提供了战略指导，指明了前进方向。

社会主义核心价值体系是社会主义意识形态的本质体现，它包括马克思主义指导思想、中国特色社会主义共同理想、以爱国主义为核心的民族精神和以改革创新为核心的时代精神、以“八荣八耻”为主要内容的社会主义荣辱观等内容。

（一）坚持以社会主义核心价值观为引领，统筹推进农村的各项文化工作

一方面，要密切联系农村生产生活实际和农民群众思想实际，找准工作载体抓手，深化文明素质教育，加强移风易俗宣传和舆论监督，发挥文艺作品敦风化俗的作用，培育新型农民、优良家风、文明乡风和新乡贤文化，推动乡风民风美起来；另一方面，要充分发挥群众性精神文明创建活动移风易俗、改造社会的重要作用，依托文明村镇创建形成鲜明导向，依托传统节日弘扬文明风尚，依托重点人群抓好示范带动，让文明新风融入农村生产生活的各个方面。此外，还要大力推动农村文化繁荣发展，加快构建农村公共文化服务体系，落实农村文化惠民工程，把农民群众的基本文化权益实现好、维护好、发展好。

（二）推动农村精神文明建设，强化制度约束，让文明乡风传承致远

习近平总书记关于“抓好社会主义精神文明建设”的要求表明，精神文明建设是一项需要常抓不懈的基础性工作，必须在健全制度、完善机制上下功夫。在时代发展和社会转型的大背景下，农民群众的精神文化需求日益多元化，不良社会风气的形式也多样化。要确保移风易俗形成长效机制，必须充分发挥党章党规、法律法规的刚性约束功能，激浊扬清、抑恶扬善，依法依规治理，把不良风气压下去，把新风正气树起来；必须广泛发动村民，按照社会主义核心价值观要求，制定完善乡规民约，坚持正确价值导向，使农民群众内心有尺度、行为有准则；必须充分发挥村民议事会、道德评议会等群众组织的作用，促进移风易俗，用民间舆论的力量引导农民自我约束、自我管理、自我提高。

“乐民之乐者，民亦乐其乐；忧民之忧者，民亦忧其忧。”在乡村振兴勾画的建设美丽中国宏伟蓝图中，文化振兴是其中重要一环，农村精神文明建设是重中之重。以社会主义核心价值观为引领，加强农村精神文明建设，既关系到乡村精神的建构，又关系到乡村振兴的最终实现，关系到全面建成小康社会和中华民族伟大复兴中国梦的奋斗目标的实现。

典型案例

博罗观背村：注重法德同治　以文化筑德改进村风民风

通过法治壁画法德讲堂等宣传法治

观背村是远近有名的壁画村，在该村众多壁画内容里，法治与道德相关的内容占了相当大一部分。“行走在村中，抬头便能看到法治的壁画内容。”村民阿友说，“它们无形地浸润着我们的心灵，潜移默化地提升着大家的法律意识。”

建设民主法治示范村，法治宣传是关键。除了壁画向群众传递着法律知识，该村还设立了法德讲堂，定期邀请法律专家给村民授课，为村民提供专业性的法律知识和法律案例，通过以事说理、以案说法的方式，引导广大村民加强修养、遵纪守法，改进村风民风。2018年，惠州市首个综治平安之家在该村正式成立，从不同角度向村民们宣传法律知识。同时，村法制副主任定期到各小组开设法律咨询会，与村民面对面，解决村民提出的法律问题，并结合实际给村民讲解部分法律知识，实现村内学法有道、知法有路、习法有谱，提升村民利用法律保护自身合法权益的能力。

另外，该村还抓依法调解，引导村民依法化解矛盾纠纷。目前，观背村已成立村级社会矛盾纠纷调解组，坚持依法化解村民的矛盾纠纷。同时，充分发挥法律咨询会、法制副主任的作用，及时解决村民的矛盾纠纷，让问题得到及时处理，矛盾纠纷上报及上访率大大下降。

身边人当讲师，弘扬道德文化和传统美德

在民主法治示范村创建中，该村还坚持法德同治，坚持普法的同时，加强群众的道德修养。在道德文化和传统美德的弘扬中，法德讲堂起到重要作用。法德讲堂常邀请村法制副主任和村里涌现出的好媳妇、好婆婆、先进模范等道德典型和身边好人作为宣讲员和讲师，定期给村民上法治课、宣讲传统文化和科普文化知识。同时，结合移风易俗等工作，定期开展“建美丽乡村·拥和谐家园”专题公益巡讲活动；常态化开展“读经典，学写作”公益亲子班、观背村红歌分享会以及“树立良好家风，传承家庭美德”文明家庭和最美家庭故事分享会等活动。

为了更好地向群众弘扬正能量，该村邀请学者以“学习传统文化　正心修身齐家”为主题给村民开讲，大力宣传家庭美德和家庭文明理念，使“尊老爱幼、男女平等、夫妻和睦、勤俭持家、邻里团结”的道德风尚在家庭中得到普及，为群众送上“心灵鸡汤”，以实际行动弘扬优秀传统文化，践行社会主义核心价值观。

就这样，观背村以文化建设和法治创建为切入点，以文化筑德，用先进文化和法律知识改变群众思想观念的做法，使其从一个“软弱涣散村党组织”改变成全市“法德同治示范村”。近年来，该村还先后被广东省评为“广东省法德同治示范村”“广东省卫生村”“广东省人文社会科学普及基地”，成为基层治理的典范。

（《惠州日报》2018 年 7 月 31 日）

二、加强村风民俗和乡村道德建设

让社会主义核心价值观深入人心，文化引领至关重要。做好文化落地生根，是乡风文明建设必不可少的内容。以弘扬社会主义核心价值观为引领，运用人类社会所创造的一切优秀文化成果来熏陶、教化人，实现敦风化俗、以文化人，是社会主义核心价值观落地生根的必然要求。加强村风民俗建设，以村风民俗习惯为重点，积极推进移风易俗，形成文明进步向上的新风尚是社会主义核心价值观发挥引领作用的主要路径。

内心认同才能自觉践行，春风化雨方可润物无声。没有农村的和谐稳定，就没有整个国家的和谐稳定。在广大农村培育和践行“富强、民主、文明、和谐；自由、平等、公正、法治；爱国、敬业、诚信、友善”的社会主义核心价值观，对于促进农民提升思想境界，转变思想观念，发现生存价值，追求生命意义，进而实现中国农民的品格重塑、中国农村的和谐稳定，具有全局性、战略性和基础性的重大意义。

将社会主义核心价值观融入社会主义新农村建设全过程，探索出一条培育和践行社会主义核心价值观的实践路径，并最终汇聚为新时代实现农村振兴战略的强大凝聚力和向心力，是新时代乡村振兴的重要使命和核心战略。目前，立足于农村社会现实境况，通过教育引导、舆论宣传、榜样熏陶、实践养成、制度保障等方式，用记忆、文化、规矩等看得见的器具和看不见的乡俗，凝聚思想，汇集共识，让社会主义核心价值观内化为村民的精神追求，外化为村民的自觉行动，使村容村貌、村风民俗发生化蝶般蜕变，是当前加强村风民俗建设的重要任务。甘肃省张掖市山丹县李桥乡在移风易俗、提升群众精神文化水平方面的做法为我们提供了很好的启示。

（一）加强舆论宣传和教育引导，使社会主义核心价值观真正融入日常生活

以建设美丽乡村和文明示范村为目标，不断推动社会主义核心价值观宣传进村入户。甘肃省张掖市山丹县李桥乡以社会主义核心价值观、

中华传统美德为主要内容，建成每村 1 处精神文明示范街，1 个文化长廊；投资 60 万元，在 10 个村社绘制“主题文化墙”，安装宣传栏、展板 75 块；用群众喜闻乐见、通俗易懂的图画、谚语、顺口溜等，大力宣传社会主义核心价值观、中国梦、孝义故事、法律知识、婚育新风及文明公约，把文明新风吹进新农村，达到“图画上墙，观念入心”的效果。组织李桥“乡贤”等文化能人组建“山丹宝卷”说唱班，编导《新李桥》等小曲，来讲述李桥人尊老爱幼的传统美德，把大道理化成群众的口头语，继而转化为村民自觉奉行的行为标准，影响着整个社会的风气。

通过舆论、理论、网络和广告的宣传引导，弘扬正气、教育村民、凝聚人心，进一步在全社会营造积极向上的良好氛围。近年，李桥乡通过多次召开各村党员会议、群众会议领学研读《公民道德实施纲要》等相关资料，开办乡村道德讲堂，积极落实“三会一课”制度等多种学习形式，认真组织学习，使党员群众正确理解社会主义核心价值观的内涵。深入挖掘宣传群众身边的好人好事，以“小家”文明构筑起“大家”风尚。同时，积极组建李桥农民艺术团，定期举办文艺会演、农民运动会、乡村旅游民俗文化旅游艺术节等文体活动，将社会主义核心价值观融入群众喜闻乐见的文化活动中，让社会主义核心价值观入脑入心。

（二）凸显榜样熏陶，使社会主义核心价值观真正融入村民精神生活

在文明示范村建设中，通过群众自荐互评会、家庭评比等形式，吸引广大群众参与。积极开展“最美家庭”“五星级文明户”“李桥好人”“好媳妇、好婆婆”“文明庭院”等评选活动，共评出“最美家庭”55户、“五星文明户”45户，“李桥好人”9人、“好婆婆、好媳妇”36对、“文明庭院”20个。同时，采取各种方式，广泛宣传典型人物的先进事迹，让典型叫得响、传得远。每年正月，各村召开全体村民大会，隆重表彰先进人物，号召村民向先进人物看齐。开展“送身边好人一台戏”活动，由村委会出资请县文化旅游公司在“身边好人”家门口唱一台戏。设立“励志廊”“好人榜”“善行义举榜”。积极组织讲述善美家风家训故事，开展家庭文明宣传，让社会主义核心价值观在家庭里生根、在亲情中升华、在血脉中传承。

（三）构建制度规约，使社会主义核心价值观真正融入村民理性生活

只有制度管人，才是真正意义上的民主。李桥乡从村民日常生活、习惯养成做起，结合本村实际，发动群众讨论、重新修订和完善《村规民约》，用“三字经”形式将社会治安、环境卫生、邻里关系、移风易俗、文明新风等内容写入并公布在“主题文化墙”上，供村民对照学习。新修订的《村规民约》易记、易懂、易行，既明确“什么不可为”，又提倡“什么大可为”。同时，成立村民议事会、红白理事会，建立监督机制，对村民遵守《村规民约》行为进行监督评议，督促村民自查陋习，不断强化其约束作用，引导村民自我管理、自我提升。积极探索“法治、德治、自治”社会治理模式，成立“百姓参政团”“道德评判团”“百事服务团”，制定议事规则和流程，引导群众有序参与村级事务。发挥道德在规范群众行为、调节社会关系中的重要作用，增强群众明廉耻知荣辱的意识，弘扬社会正能量，逐步形成法治有序、德治有效、自治有力的局面，村级治理体系得到进一步完善。

（四）强化经济支撑，夯实培育和践行社会主义核心价值观的利益基础

早在20世纪70年代，李桥乡高庙村已走出一条成功的村集体经济发展的路子，榨油厂、酿酒坊、电焊铺灯光日夜通明。在乡党委政府的坚强领导下，村“两委”班子、能人积极探索，顺应国家号召，发展休闲农业，开发乡村旅游。2016年，李桥乡党委、政府积极探索村集体经济新路子，加大投入力度，在高庙村建设高庙记忆民俗文化产业园，以“馆”为“形”，以“礼”为“魂”，筹措资金建成“上寨农耕文化展览馆”，将其打造成承载乡愁、传承乡风、培育和践行社会主义核心价值观的“村课堂”。通过图片、文字、影像等的新旧对比方式，全方位、多侧面展示了李桥乡近代以来拓荒创业、艰苦奋斗、快速发展的历史画卷。通过支部引领，鼓励试点村能人、党员投资创业，采取“支部＋能人、党员＋贫困户”模式，引导党员群众以土地、民房、宅基地、人力、资金等要素入股，参与合作社经营，大力发展乡村旅游产业，在高庙村全力打造“乡村记忆——农耕馆”“乡村味道——罐罐席”“乡村旅店——农家炕”“乡村工厂——小作坊”“乡村乐园——休闲园”5张旅游品牌。确保产业链上的所有参与者，土地入股地生钱，劳力入社力生钱，住宅入股房生钱，资金入股钱生钱，能人带动民挣钱。最终实现家家有资本、户户成股东、人人有股份、个个有就业、年年有分红的局面。全力建设富有特色的李桥品、李桥景、李桥业、李桥韵。通过引导各村发展既有集体主义又有市场导向的经济发展体制、机制，有效地保障了李桥乡百姓的物质利益和财产权利，也夯实了李桥乡各村培育和践行社会主义核心价值观的物质支撑和利益基础。

李桥乡培育和践行社会主义核心价值观的成功经验是，把社会主义核心价值观融入社会生活，让群众在实践中感知、在日常劳作中遵循，增强了李桥人的认同感和归属感，生成了弘扬共同理想、凝聚精神力量、建设道德风尚的强大动力。李桥乡必将在社会主义核心价值观的引领下，在新农村建设的道路上昂首阔步、砥砺前行。

随着社会主义新农村建设的稳步推进，农民的道德需求日趋强烈，特别是面对农村道德治理日渐薄弱的现状，基层党委、政府应当重视和强化乡村的道德治理，对农民群众实施有效的教育管理，逐步推进农民的现代化和农村的社会文明。

1. 要夯实乡村道德治理的政治支撑

在当前政府主导推动乡村建设的格局下，作为连接乡村、服务群众的基层政府，对乡村道德治理起着直接影响作用，这是我们的工作优势，也是最有力的政治支撑。而目前的普遍状况是，基层党委、政府抓乡村道德治理的力度比较弱、精力比较分散，加上新农村建设的任务和亟待解决的问题很多，导致在工作规划上，乡村道德治理往往处于被边缘化的境地，这就决定了必须要解决政治支撑和工作保障问题。

一要发挥政府的主导作用。党管农村是我党的优良传统，基层党委、政府要结合农村的深刻变化和群众的实际需求，精准地调整细化道德治理措施，把握好乡村道德治理的“度”，政府管得多了，就会越俎代庖；管得少了，就会放任自流。从实际运作来看，要努力营造氛围、创造条件，为乡村道德治理提供人力、财力、物力等方面的有效保障；要围绕乡村道德建设中存在的问题，积极出主意、想办法、求突破；要顺应群众的道德需求，做好思想疏导、因势利导、扶持引导等工作。

二要注重民间自治组织的发展。近些年，随着农村精神文明创建的推进，大多村建起了道德评议会、红白理事会、妇女禁赌会等自治组织，但从实际调查来看，很多组织有名无实，普遍发挥作用不大、收效甚微，甚至很多成了摆设。这些自治组织成立起来很容易，但如何让这些组织负起责任，理直气壮地开展工作，恐怕还有许多现实问题需要解决。实现村民道德自治，这是一个大趋势，要把那些挂在墙上的自治组织动员起来，切实解决他们的公信力问题、软约束问题、人员待遇等问题，使之能够有效发挥作用，在群众心目中树立威信。

2. 要完善乡村道德治理的运行机制

乡村道德治理不是一蹴而就的短期工程，解决各种现实问题也不是一朝一夕的事。从现实来讲，应努力探索制度规范和保障，实现制度的普遍遵守和有效运行，这样才能使乡村道德治理这一“软任务”持久开展下去。

一要探索建立投入保障机制。农村道德治理需要必要的投入，没有投入，就不会有自然而然的产出，也不会有高质量的回报。应当探索建立经费保障机制，包括农民教育和道德实践活动、宣传教育平台和阵地，提升农民的公共文化服务水平，满足他们日益增长的道德需求，提升生活的品位质量，等等。面对当前基层财政紧张的形势，可以通过社会募集、建立基金等方式进行解决。

二要探索建立协调联动机制。农村道德治理涉及文明、文化、农业、教育、科技、法律、妇联等多个部门，这就要推动建立规范有序的联席会议制度，尽可能地整合部门优势和资源力量，引导相关部门拿出实实在在的惠民利民措施，统筹形成工作合力，共同作用于农村。这样，乡村道德治理才会更有秩序和效率。

三要探索建立激励奖惩机制。一方面，建立对乡镇、村道德治理工作的考评机制。这个工作占到多大比重，决定了基层工作力量的安排、工作力度的大小，可以探索实施以奖代补政策，对开展得好的乡村给予奖励。另一方面，建立激励群众广泛参与的工作机制，让群众便于参与、乐于接受。可借鉴各地的成功经验，探索实施道德积分管理，建立道德档案，对表现好的群众大力宣传表彰，给予相应奖励；对不讲文明道德的群众大胆曝光，给予相应惩罚。

四要完善村规民约。根据村情，以社会主义核心价值观和优秀传统美德为基准，引导更多的村修订完善有特色、有约束力、有操作性的村规民约，规范群众的日常道德行为。

专家观点

发挥乡村文明建设应有作用

乡村具有十分典型的尊重自然、顺应自然和巧妙利用自然的特征。城市生态环境问题的愈演愈烈更凸显出乡村生态价值的重要性。田园风光、诗意山水，与自然生命和谐相处的乡村生活，越来越成为一种难得的稀缺资源。有机生活的兴起，低碳生活、慢生活理念的传播以及人们对健康新理念的追求，都要求人们重新认识乡村生活特点，在城乡互动中，帮助人们打造积极、文明、和谐、健康的生活方式。乡村是一个天然的教化空间，从对村民行为的引导、规训的角度来讲，教化是既向人们正面灌输道理，又注意结合日常活动，使人们在不知不觉中达事明理，其效果要比单纯的宣传说教深刻而有效。传统村落的教化价值对于促进人与自然的和谐、构建和谐社会具有积极作用。乡村是乡村整体价值表达的完整空间，把乡风文明建设融入乡村建设的方方面面，乡风文明建设才能发挥应有作用，乡村振兴才能获得事半功倍的效果。

——中国农业大学农民问题研究所所长、教授　朱启臻

3. 要激活乡村道德治理的教育载体

近代以来，众多政治精英、知名社会学者都曾探索和推动乡村建设，并做了许多有益尝试。在推进社会主义新农村建设的背景下，乡

村道德治理也有许多成形的样本可供借鉴。当前，重点要开展好三个方面的教育。

一要多开展体现时代风尚的载体活动。围绕“新农村、新生活、新农民、新气象”系列主题，通过深入开展生态环保、文明理念、时代风尚等宣传教育，引导农民群众大力践行文明道德，不断提高文明素质，以人的现代化逐步与物的现代化对接。

二要多开展民风民俗的传承教育。民风民俗作为农耕文明的产物，历史沉淀下来的一些好的民风民俗对群众的教化影响非常大，也早已融入了百姓的日常生活，比如婚丧嫁娶仪式、传统节日习俗等。而那些与现代化格格不入的旧习俗也仍在桎梏着人们的思想，这就必须结合移风易俗教育，破陋习、树新风，引导群众主动去认知、去对待、去扬弃，在自我抉择和时代选择的交锋碰撞中，让新的文明健康的理念风尚树立起来。

三要对群众开展传统道德教育。受市场经济的影响，当前农民群众的思想发生了深刻变化，传统的道德意识趋于淡化，而向传统道德要智慧、寻方法、求力量，也是当前推进乡村道德治理的一剂良药。乡村依靠传统道德进行治理，就能超越地域的限制，对规模庞大、思想各异的农民群体起到作用。这就要运用传统道德文化的思想精华，持续不断地向群众进行宣传教育，使之切实融入群众的日常生活，逐步实现知行合一。从现实来讲，要着力开展孝德和诚德教育，特别要注重家庭、家教、家风建设，弘扬中华传统家庭美德，让每个家庭和谐幸福、让邻里之间礼让互助。

4. 要完善乡村道德治理的人才队伍

推动乡村道德治理，需要一批高素质、知民情的干部队伍和人才。乡村要善于借助县、乡镇的相关力量，利用志愿者、驻村干部、大学生村官和乡土人才，合力推动乡村道德治理，努力形成各尽其才、各展所长的生动局面。特别是基层党员干部，他们工作的主战场在农村、服务对象是农民，要负起历史责任，积极推进乡村道德实践，探索新方法新模式，努力做到接地气、有活力。还要争做社会新风的引领者和营建者，一人带头，众人相随，久而久之便会形成好的风气。还有各类志愿者队伍，以党员志愿者为主体，要努力把服务重点向农村倾斜，引导更多的志愿者关注乡村、关注农民群体，广泛参与到扶贫帮困、三下乡、支农支教等社会公益活动中来；同时要引导更多的农村党员干部成为服务村民的志愿者。还有农村乡土人才，要多培养和发展乡土能人、道德典型、乡贤人物等，引导他们参与到乡村道德治理之中。

通过新一轮的村“两委”换届选举，各地选出了一批素质高、有头脑、带富能力强的村干部，其中很多农村能人被推选为村干部，这些人眼界宽、能力强，为民办事热情高，利用这些能人资源，以他们为典型示范，大力推进道德治村，既对群众有一定的号召力，又能解决工作中的一些难题，这样就能有力推动农村的思想道德建设。

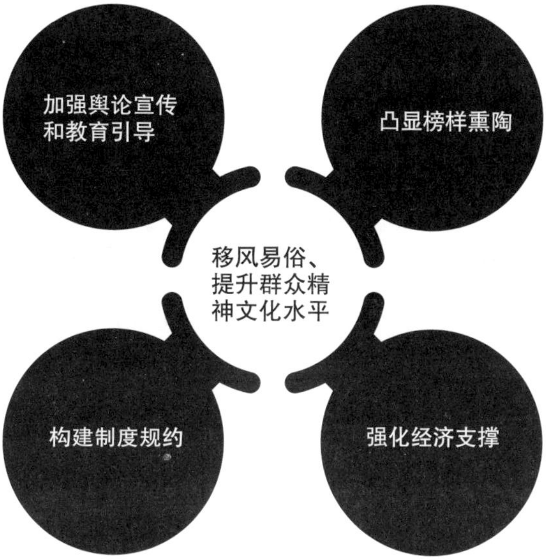

移风易俗、提升群众精神文化水平

典型案例

石泉：依法治理催生新民风

2017年3月，安康市以“诚、孝、俭、勤、和”为主题的新民风建设在全市展开。为筑牢新民风建设的根基，切实解决“诚、孝、俭、勤、和”新民风建设中存在的突出问题，石泉县从加强法治宣传、着力化解矛盾纠纷等方面入手，坚持依法治理与以德治理相结合，依法维护公序良俗和社会秩序，提升群众法律素养，一股由法治催生的文明新风在悄然形成。

法治宣传“育”出文明新风

“这样的法治宣传教育形式很接地气，不仅让我们学到了更多的法律知识，还穿插了新民风建设知识有奖竞答，让更多人得到教育和熏陶……”2017 年 7 月，由石泉县司法局举办的法治电影巡演首场活动在县城春潮广场拉开帷幕，现场参与活动的居民胡胜林这样说。

2017 年以来，石泉县围绕贯彻落实“七五”普法规划，紧抓“法律六进四到”，依托“互联网 + 普法”，通过发放普法资料、开展法律讲座、举行法律知识竞赛、放映法治电影、演出普法文艺节目等方式将法律知识送到群众身边，让居民社区、乡村院坝、田间地头、学校单位成了普法教育阵地，形成了群众在家学法、出门见法、抬头念法、处处有法的立体化法治环境。

为了让群众“零距离”感受司法审判，石泉法院结合全县开展的“干警下沉、重心下移、责任下压”的“三下”活动，大力推进“进机关、进乡村、进学校、进社区、进企业”的五进巡回审判工作力度，把法庭搬到群众最需要的地方，法官干警深入田间地头和矛盾发生地，上门立案、就地开庭，当场调解，并通过微博微信直播庭审，起到了审理一案、教育一片的良好效果。

2017 年 1 月，石泉县人民法院后柳法庭在村民集中地点公开审理了这样一起赡养纠纷案。家住喜河大雁村的武某夫妇，有多个子女却得不到赡养，70 多岁的老夫妻住在随时可能垮塌的房子里，过着艰难困苦的生活，镇村干部多次找到老人的子女，要求他们尽到赡养义务，但他们置之不理。

无奈之下，老人将几个子女告上了法庭。案件审理达 4 小时，四个子女却没能在父母的赡养问题上达成一致意见。法官本打算进行庭上调解最后只能改为进行判决，由每个子女每月承担老人生活费250元，生病住院费用由四人均摊，并且由三个儿子轮流照顾老人的生活，每次照顾六个月。一场赡养纠纷案也在法律的硬性干预下得以解决，现场围观的群众一片叫好声，老人的几名子女都羞愧地低下了头。

“对于明显有悖于新民风建设的案件，要按照‘七五’普法工作要求，多采取公开审理的办法，以案释法，真正起到震慑和教育的作用。”石泉县司法局局长高德铭这样说。

近年来，石泉县公开审理涉及农村土地纠纷、赡养纠纷等农村不良风气的案件近百件。通过以案说法的形式，在法治约束和道德教化“双管齐下”的作用下，“诚、孝、俭、勤、和”的内涵要义潜移默化地影响着广大群众。

村规民约“治”出节俭民风

从2016年开始，石泉县就结合脱贫攻坚工作，在全省率先为本县74个重点贫困村配备了法律顾问。2017年又以律师、法律服务工作者为主体，以司法局机关干部、基层司法所人员为补充，选调79名熟悉法律知识、业务能力较强的同志，为全县161个村（社区）担任法律顾问，实现了全覆盖。

这些法律顾问承担着开展法治讲座、法治宣传、化解矛盾纠纷、提供法律咨询、走访社区服刑人员等工作任务。随着全县新民风建设工作的推进，帮助各村（社区）制定村规民约成为法律顾问2017年的重点工作之一。

为破除陈规陋习，更加直接地规范村民的行为，各村（社区）

将一些需要禁止的歪风邪气直接写进村规民约，并制定了处罚措施，而这些村规民约经法律顾问的收集整理，删改抵触法律法规和相关政策的内容后，形成规范的村规民约草案送交各村村民大会表决通过。

“从简处理红白喜事，凡小孩满月及36岁生日、乔迁之事不得办理。婚丧嫁娶随礼不超过100元，每桌宴席不超过300元。”在石泉县后柳镇前锋村的村规民约中可以看到，对送礼的范围和金额进行了约束，而这样的约束已逐渐得到了老百姓的认可和遵循。

按照村里以前的风俗，过六十大寿很重要，应该热热闹闹地办一场。而前不久前锋村六组组长夏厚银过60岁生日就没有操办，村民们为他的这种做法叫好，其他的村干部也纷纷带头执行。党员干部带头移风易俗，以优良党风政风带动社风民风，受到了村民的拥护。

“修订村规民约那阵子，我和每个村干部口袋里都揣着一个本子，挨家挨户听意见。遇到年纪大的老人，就一条条解读给他们听，得到让他们肯定的同时，也让他们入脑入心。”法律顾问林建华回忆道。

饶峰镇新场村山大沟深，是石泉县最为偏远的山区贫困村，村民思想僵化，很多不良风气已经根深蒂固。面对这种情况，法律顾问林建华通过深入走访，帮助村里制定了针对性和实用性较强的新“村规民约”。《新场村文明行为十要十不要》《新场村村规民约十要十不得》就这样应运而生。这些规定浅显易懂，贴近实际，操作性强，有力地促进了新场村文明新风建设工作，受到村民的交口称赞。

如今的石泉，161个村（社区）都有了切合当地实际的村规民约，更好地规范和约束了村民的行为，使得很多以往棘手的问题得到了妥善解决，村风民风也焕然一新。村民们普遍反映，村庄环境更美了，百姓日子更乐了，新农村更和谐了。

矛盾化解“带”出和谐民风

“我们的工作就是要把矛盾扼杀在摇篮中，不让矛盾持续发酵，继而影响社会和谐稳定，甚至威胁群众生命安全。”人民调解员刘志莲这样说道。

当前，改革开放逐步深入、市场经济不断发展与完善，我国正处于经济接轨、社会转型的特殊时期。在这一特殊时期，由于各种经济利益关系冲突和各种社会矛盾相互交织，社会矛盾日益突出。石泉县在新民风建设中，把矛盾纠纷排查调处作为纠正社会不良风气的着力点，让村风民风在一件件矛盾纠纷化解中悄然转变。

张易是石泉县148法律服务所的一名法律服务工作者，2017年他被派往城关镇太平村担任法律顾问，在进村走访的第一天，就接到村民罗秀才的诉求。原来在三年前，罗秀才的邻居陈某在烧地边杂草时不小心引燃了他的林地，双方发生纠纷，经林业部门现场勘查处理后，罗秀才对处理结果不满，先后到镇、县级多个部门不断上访，称要为自己讨回公道。

了解了罗秀才整个事情的经过后，张易对他进行了安抚，列举出相关法律法规现场说法，指出他反复上访的错误做法。在张易的开导下，罗秀才终于吐露出自己多年上访的真相，原来这些年只要他一提到这件事就被村民耻笑，说他没用，不敢向陈某索要赔偿，还有些村民在他的背后指指点点，导致他每天精神恍惚，甚至产生了抑郁情绪，于是走上了四处上访讨公道的路。

为了解开罗秀才的心结。2017年4月，在村党支部、村委会的召集下，林业干部、包村脱贫工作队、法律顾问以及部分村民来到村委会，公开调解这场纠纷，在张易和村调解员的说理说法下，罗秀才和陈某当场言和。通过以案说法，不仅抚平了罗秀才的心灵创伤，也教育了广大村民，邻里之间要以和为贵，守望相助，树立良好的社会风气。

老百姓的寻常生活，总免不了遇见磕磕碰碰的烦心事，这些小事日积月累也会成为影响居民心理健康和邻里关系和谐的大问题。石泉县委、县政府高度重视，把深入推进社会矛盾化解作为一项重要工作来抓。2017年以来，全县900余名人民调解员走村入户，做到了早发现、早介入、早预防，抓小、抓苗头，把矛盾纠纷消除在初发之时，解决在萌芽状态，进一步形成了信仰法律、崇尚法治的社会氛围，为新民风建设营造了清朗环境。

随着新民风建设不断推进，以往的“人情攀比、忤逆不孝、坐等争要、赌博酗酒、无理阻工”等陋俗得到有效遏制，群众的法治意识逐步增强，治安案件呈现下降趋势，矛盾纠纷就地化解率达98%，依法治理水平明显提升。

（西部网—陕西新闻网2017年7月27日）

三、倡导科学文明健康的生活方式，培育农村社会新风

生活方式是指人们在生活上和活动上的较稳定的习惯、形式。生活方式归根结底由生产方式决定，同时，也受传统习惯的强烈影响，而且在很大程度上取决于人们的价值取向、嗜好和追求。有什么样的价值观，就会选择什么样的生活方式。“居安思危，戒奢以俭”，这是历代有识之士的选择；“究其所欲，以侯于死”，“为美厚尔，为声色尔”，则代表了剥削阶级腐朽的生活方式。生活方式就像一面镜子，它能照出人的世界观、人生观、价值观，照出人的美与丑。

科学的生活方式是指要按照科学的原理、科学的规律来安排生活，而不是盲目的、无知的、愚昧的。例如，社会上有些人一提起现代生活方式，就单纯地追求“吃喝要精细，住房要宽敞，穿戴要漂亮，用品要高档，游玩要痛快”。他们不懂得吃、穿、住、用、玩与健康的关系，不懂得物质生活提高所带来的不利因素，因而不能科学地、有规律地安排自己的生活。

文明是现代生活方式的要素，是人类改造社会的成果，是社会进步的标志。它既表现为生产的发展、物质的丰富，也表现为文化的发达、思想的进步。因此，文明表现为物质文明和精神文明两个方面。精神文明表现为教育、科学、文化知识的发达和人们思想、政治、道德水平的提高。不文明的行为和习惯，就会损害人的健康。例如，在工业生产中，把大量的废水、废渣、废气排入江河、空气，就会使成千上万的人受害。在公共场所吸烟，就会使周围的人被迫吸二手烟，影响他人的健康。

健康的生活方式，既指精神生活的健康，亦指物质生活的健康。而物质生活的健康，又离不了身体的健康，身体要健康，就必须尽力杜绝一切有可能导致疾病的因素。

科学文明健康的生活方式，是互相联系的一个有机整体，是丰富多彩、充满生机和活力的。这种生活方式能够陶冶人的情操，振奋人的精神，激发人们的进取心，增强人们的体质，使民族兴旺，国家富强。

倡导科学文明健康的生活方式，主要是指按照科学的原理、科学的规律来安排生活，明礼诚信，崇荣拒耻，操守高洁，情趣高尚，家庭和美，富而勤俭，富而思进，自强不息，奉献社会。这样的生活方式，对自己、对他人、对社会都有益处，是构建农村和谐社会、推进乡村振兴之不可或缺。

倡导科学文明健康的生活方式有其必要性。现阶段，农村社会存在铺张浪费的生活方式，且有日益蔓延的趋势。这样的生活方式不利于农村美丽家园建设，难以提振农民的精气神，是农村社会发展的腐蚀剂。

以社会主义核心价值观为指导，努力在农村社会形成适应现代生产力发展和社会进步要求的、文明的、健康的、科学的生活方式，振奋起积极的、向上的、进取的精神，这是当前农村社会要达到的生活状态。比如，贵州省安顺市西秀区东屯乡成立健康运动大队，营造健康生活方式。西秀区东屯乡为发展健康运动文化，引领全民健康运动，培育青年干部“运动、健康、团结、向上”的精神理念，营造奉献、友爱的工作氛围，推动全乡精神文明建设。同时，成立了东屯乡政府机关中青年干部健康运动大队。大队由乡党委书记担任大队顾问，乡党委副书记、乡长担任大队名誉大队长，大队还一致选举产生大队长1名、副大队长3名、总联络员1名和队容整理员1名，组成大队会务组，负责队员召集以及大队活动前的队容整理和安全指导工作。该乡同时定期不定期利用周末和节假日，组织队员进行健康有氧运动，如篮球比赛、田园运动、自行车比赛和其他友谊比赛等活动，力求形成良好的示范效应。

延伸阅读

1. 习近平：《决胜全面建成小康社会 夺取新时代中国特色社会主义伟大胜利——在中国共产党第十九次全国代表大会上的报告》，人民出版社2017年版。

2. 人民日报社理论部：《“五大发展理念”解读》，人民出版社2015年版。

深度思考

1. 怎样理解农村美根本在“精神”？

2. 社会主义核心价值观为什么能起到提振农民精气神的作用？在现实中，如何更好地促成社会主义核心价值观发挥提振农民精气神作用？

第七章

根脉为基，传承精神；淳厚底蕴，滋养乡情

几千年的中华文明根在农耕文明，灿烂的农耕文明是中国人引以为傲的文化资源。联合国国际粮农组织公布的 31 项“全球重要农业遗产”名录中，中国有 11 项，至今仍在农业生产中传承和使用。2012～2019 年，住建部、国家文物局、财政部等部门共公布了五批中国传统村落名录，各地也相应公布了多批地方性传统村落保护名录。保护乡村传统文化是中国屹立当今世界民族之林的必然要求和根本举措。

一、推动优秀传统文化的精神传承与物质传承

农村是乡土文化的发祥地，乡土文化浸润乡里精神风貌和文化精神，造就了乡土性格和乡土精神。乡村文化振兴，振兴的是乡村文化，而不是别的什么文化。因此，只有以乡土文化为根基，以传承发展乡土文化为己任，才能体现出特色，形成自己的独特优势，这样的乡村文化振兴才有生存发展动力，才有活力和生命力，才有参与者和创造者；乡村文化只有形成具有乡土性格和乡土特色的、农民自己的文化风格和文化特点，才能避免沦为城市文化的翻版，乡村才可能获得真正的振兴。

乡村文化振兴的活水就是乡土文化，具体来讲，就是各地各具特色风情各异的农村文化。我国地域广大，各地风土人情差异甚大，形成

了丰富多样的乡土文化。乡村振兴以乡土文化为重要任务，绝不是简单地复古，使乡土文化回归到原生态，而是在传统乡土文化的基础上，对其加以传承发展，用现代人能接纳的方式使其获得活态发展，并在其中融入社会主义核心价值观。这样的文化振兴，是中国特色社会主义发展的内在要求，更是乡村振兴契合于社会主义新农村的必然结果。

推动优秀传统文化的现代传承，主要依据如下。

一是坚定文化自信，实现中华民族伟大复兴的内在要求。文化自信关系国运兴衰、文化安全和民族精神独立性。当前，中华民族正大步迈向伟大复兴的历史征程，文化自信是大国复兴的必然要求。只有坚定文化自信，才能培固民族精神之根，熔铸中华之魂，涵养中国精神之源，共筑伟大复兴之梦。中华优秀传统文化是中华民族的根和魂，是坚定文化自信的底气所在，文化自强的优势所在，共筑伟大复兴中国梦的力量所在。坚定文化自信，需要实现传统文化的当代传承，使其能在中华民族的文化基因中传承下去，在现实中找到生存发展的动力和依托，这就对推动优秀传统文化的现代传承提出了新要求。

二是实现乡村振兴，提升当代农村发展水平和层次的重要精神动力。乡村振兴是新时代关于农村发展的新的战略部署，是在农村有了一定程度发展之后，从实际出发，在对改革开放以来农村发展实践经验总结的基础上提出的重大发展安排。改革开放后，当代农村经济社会发生巨变，农民生活水平有了大幅提升，但是，农村文化发展却不尽如人意，成为农村发展的短板，制约着农村改革的进一步深化。追根溯源，优秀传统文化是农村的根脉，只有推动优秀传统文化的现代传承，才能为农村文化发展找到一条发展的康庄大道，为乡村振兴找到真正的精神动力和文化支撑。

三是缩小城乡差别，全面建成小康社会的关键环节。进入新时代，我国发展面临的突出问题是城乡之间的不均衡，包括经济、政治、文化、社会等。在这诸多的不均衡中，城乡文化发展的失衡成为新时代需要着力解决的难题。这个问题不解决，必将影响农民的精气神，危害农村社会的文化自信和精神基础，不利于小康社会的全面建成。

从内容上分类，传统乡土文化主要有物质文化、精神文化，还包含制度文化等。一般来说，乡土物质文化作为乡土文化有形的存在，是指那些能被人们直接感受到的外在的文化形式，如衣食住行等，它构成了乡土文化的载体。精神文化构成了乡土文化的核心，决定和影响着乡土文化的根本发展走向，是乡村振兴的灵魂。制度文化，比如文化风俗、习惯和节庆活动等内容，是文化精神的中层体现和乡规民约的制度表达，也是由文化精神决定的。综观文化发展的三个层次，精神构成了乡土文化的核心层次，它的变迁最终决定乡村文化振兴的成功与否，是乡村文化振兴的重要标杆。乡村文化振兴的任务之一就是推动乡村的物质文化和精神文化的传承，在这个前提下，推进制度层面的变革，为实现乡土文化的全面现代化提供重要保障。

二、传承发展优秀传统文化的方式

如何传承乡土文化成为当代乡村文化振兴的核心课题。乡土文化形成的年代较为久远，不少内容形成于特定的条件和环境。在现代条件下，失去了生存的环境，不少内容存在与现代生活脱节的问题。失去了生存的发展空间，相当多的优秀传统文化面临着“无可奈何花落去”

的窘境。优秀传统文化是中华文明的底蕴，是中华文明区别于其他文明的根本所在，因此，继承发展中华优秀传统文化，使其在与环境的互动中获得强大生命力，成为乡村振兴的重要使命。重振根脉文化，保住传统文化的根，需要探寻合适的传承方式。

知识链接

前喻文化、并喻文化、后喻文化

美国人类学家玛格丽特·米德将人类文化的传承分为前喻文化、并喻文化和后喻文化。所谓前喻文化，就是在农业文明时代，文化的传承是靠祖祖辈辈的经验积累，然后向后代传承。到了工业文明时代，就是并喻文化，即同时代的经验互相传递，不需要经验积累。后喻文化，就是在今天的信息时代，特别是智能时代，文化的传承就变成后代向先代传承，年轻人的接受能力强和反应速度快，新知识马上就能接受和掌握，向先代传递，特别是在农业上，这个特点非常明显。

在新时代，建设乡村文化应该从以下这几个方面入手。

（一）推动优秀农村文化创新式发展

1. 以价值引领为先导，重视乡村精神塑造

加强思想道德建设，以主流价值观塑造村庄精神，引领村庄发展，是农村文化建设的要义。要将社会主义核心价值观融入村庄发展，培

育提炼村庄精神，体现村庄文化精髓。

2. 优化活化传统文化资源

活化利用与村民思想感情、思维方式、生活方式高度融合的优秀传统文化资源推进乡村振兴，是农村文化内容建设的显著特点。传统村落是道德教化、礼仪规范、民俗风情、手工技艺等的综合体，凝聚着中华传统的根基和灵魂。优秀传统文化也是村庄发展的产业资本，浙江省丽水市松阳县盘活民俗文化、传统老屋、农林茶文化，依托山水优势，融入时尚创意元素，推动民宿经营、农旅结合、微型文创等产业蓬勃发展。

（二）推动农村优秀传统文化创造性转化

当前农村优秀传统文化传承已取得不少成效，积累了重要经验。如不少地方对当地的非物质文化遗产、古建筑群、古村落高度重视，已经形成了一整套保护传承模式；有些地方充分利用当地的文化资源，形成了独特的文化创意和文化产业链，实现了经济社会的收益双丰收。

但是，农村文化传承仍然存在不少问题，如创新性不足，内涵和外延打造难以有效结合，活动形式有待丰富创新。同时，城乡二元结构造成城乡文化发展水平差距，农村文化基础薄弱、人才短缺，总体上相对落后于城市文化发展的基本态势仍未得到根本扭转。农民收入低、文化消费意愿不高；村中留守老年人居多，知识水平与能力相对较低，且具封闭性。不同地区在客观条件、资源禀赋、经济水平上存在基础差异。基层政府和干部文化理念、重视程度和能力有待提高。村集体经济薄弱，影响甚至制约农村文化发展，等等。这些都构成了农村文化传承不足的现实原因，也是农村文化振兴需要突破的瓶颈，必须下大力气解决。

（三）坚持在扬弃、创新中发展

推动中华文化创新式发展、创造性转化，要坚持扬弃、创新发展，要在尊重文化发展规律的前提下，坚持辩证取舍，有鉴别地对待，守住中华文化本根，传承中华文化优质基因。创新，就是着眼服务当代，面向未来，补充拓展完善中华传统文化的内涵，并赋予其现代形式，使其成为活水，为今人所取，为发展所用，体现出其当代价值，从而焕发新的生机和活力，使之得以更好地传承。

（四）以中华优秀传统文化的精华和智慧涵养乡土精神

继承发展中华优秀传统文化，要用中华优秀传统文化的精华滋养当代中国人的精神世界，用中华优秀传统文化的丰富智慧提振当代中国人的精神力量。党的十九大报告指出，深入挖掘中华优秀传统文化蕴含的思想观念、人文精神、道德规范，结合时代需求继承创新。大力推动文化创新，在探索中突破超越、在融合中出新出彩，打造良好的文化生态，是推动中华优秀传统文化焕发新活力、再创新辉煌的必由之路。推动中华优秀传统文化与新时代相融合，铸就中华文化新辉煌，是新时代赋予乡村振兴的历史使命。让今天的大众接受、认同中华优秀传统文化，就要在不断赋予优秀传统文化新精神内涵的前提下尝试各种现代表达形式。要运用互联网等现代科技手段，使中华优秀传统文化“活”在当下，努力将中华优秀传统文化融入乡村百姓的生产生活中，使之与节日庆典、礼仪规范、民风民俗相衔接，与文艺体育、旅游休闲、饮食医药、服装服饰相结合。中华优秀传统文化只有在与乡村生产生活相融合中，才能体现其无穷魅力与实践价值，也只有这样，文化传承才会产生源源不断的内生动力，中华优秀传统文化才会在新时代的土壤中绽放出更加绚丽的色彩。

专家观点

保护乡村社会文化资源

乡村社会是传统文化的直接源头，是农耕文明的重要载体。要按照“看得见山、望得见水、记得住乡愁”的原则要求来加强文明乡村建设，就需要保护好现有的具有历史的传统文化村落，深入挖掘乡村社会非物质文化遗产资源，并充分运用现代技术手段保留乡村社会的原始风貌，保护好乡村社会传统价值体系和集体情感记忆，使乡村社会成为广大乡村人民守望乡愁的重要依托。

——华中师范大学政治与国际关系学院教授、中国农村综合改革协同创新研究中心主任　吴理财

三、优秀传统文化的传承发展路径

传承农村优秀传统文化，是乡村振兴的重要课题。要加强传统村落保护，深入挖掘农村特色文化，加强对非物质文化遗产的整理、提升、展示和宣传，打造特色文化产业，重塑农村文化生态。

（一）保护好传统村落、民族村寨、传统建筑

传统村落作为农耕社会最基本的个体，在急剧的社会变迁和大规模的城镇化过程中日渐凋零。在这样的形势下，既适应社会变迁的基本趋势，又尽可能地记录、抢救和保存传统村落遗迹，已经成为社会各界努力的方向。

2015 年 12 月，习近平总书记在中央城市工作会议上提出，让居民望得见山、看得见水、记得住乡愁，保护和弘扬中华优秀传统文化，延续城市历史文脉，保留中华文化基因。

为此，应实施全国全省范围的传统村落评选活动，以促进文化村落的保护。山东省济宁市的做法是，通过实施省级传统村落评选活动，选取现存建筑有一定的久远度，传统建筑的占地规模、周边环境保存有一定完整性的，争取上级项目资金投入，结合各地村落的民俗风情、地理环境等大力发展乡村旅游。深入挖掘乡土建设类村落、文化民俗类、生态景观类等传统村落的历史典故和个性特色，突出“一村一品”“一村一景”“一村一韵”和“村村有故事”的建设主题，保护和传承前人留下的历史文化遗产，凸显当地传统村落的特色与资源，提升整体村庄的品质与环境，实现保护与发展双赢。曲阜、梁山、邹城等地有很多通过发展乡村旅游实现当地经济发展的成功例子。这些地方走出了一条摒弃“村村点火、户户冒烟”的初级农业模式的新路，发展农家乐、美丽乡村旅游等项目，实现第一产业和第三产业的共同发展，在将传统村落展示给游客的同时，也增加了大量的就业机会，实现了当地村民增收，促进了经济的快速发展，为传统村落的保护提供更多的资金保障。

贵州省从江县目前列入中国传统村落保护名录的民族村寨共有44个，是一个名副其实的传统村落大县。从江县的做法，一是完善村寨基础设施，整治农村人居环境。通过中国传统村落申报，争取上级项目资金投入，整合各部门资源，全力抓好农村环境卫生整治，维护传统村落古朴整洁的村容寨貌。二是完善村规民约，规范村民行为。倡导村民积极参与，实行民主自治管理。三是加强村寨古建筑的维护，弘扬和传承非遗文化。四是科学规划村寨，严禁过度开发。五是充分利用现有资源，全力打造传统村落休闲旅游。依托传统村落房屋、鼓楼、花桥等传统建筑民族文化资源和良好的生态环境优势，积极发展传统村落休闲旅游。

（二）重塑乡村文化生态

詹姆逊认为“任何一个群体都不可能独自拥有一种文化：文化是一个群体接触并观察另一群体时所发现的氛围”。乡村文化生态就是以这样一种形式存在。乡村文化生态主要包含三个层面的含义：第一，乡村文化生存、发展、继承的土壤和环境，以及乡村各种文化关系之间的和谐，如乡村的物质文化、精神文化和制度文化之间的和谐；第二，乡村文化的多样性，以及乡村文化的再生、创新、化合的能力；第三，乡村传统民族民间文化与现代文化、都市文化的对话。

当代中国乡村文化生态正在发生剧烈的变迁，乡村文化不可避免地也随之发生着变异。因此乡村振兴在很大程度上是重建意义上的振兴，而乡村文化振兴，必然体现为文化生态的重建。

乡村文化生态建设不但要在健全乡村公共服务体系、加大培育乡村公共文化空间等方面下功夫，而且要从保护乡村文化的多样性和培育乡村文化再造能力入手；不但要建设乡村文化生态的内循环系统，而且要积极构建乡村文化生态的外循环系统。

（三）发展乡村特色文化产业

充分挖掘乡村特色文化内涵，发挥乡村特色文化活动的纽带作用，不但可以重建乡风文明、民风融洽、家风和睦的乡村社会，而且能够带动特色文化经济蓬勃发展，促进乡村振兴繁荣。

传统村落是中华民族特有思想理念的重要载体，是中国人民特有的处世方法、生活理念、情感样式的集中表达，能够彰显中华文化特色，弘扬中国精神，传播中国价值，传承人文精神和传统工艺。因此，发展乡村特色文化经济要以“文化 +”为着力点，全力打造乡村特色文化旅游，以实现乡村振兴和乡村文化经济繁荣。

发展乡村特色文化产业是利用好农业文化资源的重要路径。通过乡村文化遗产资源的产业化开发，将特色文化资源潜在经济价值转化为现实价值，把特色文化产业变成乡村可持续发展的产业支撑。实践已经证明，利用乡村特色文化资源，把链条延伸拉长，推动乡村特色文化旅游等综合性产业发展，是乡土文化资源传承的有效路径。

传统农业社会在生产生活过程中，流传下来很多传统手艺、技艺、工艺，成为不同层级非物质文化遗产的门类之一。老手艺、技艺、工艺是各地凸显特色个性的重要文化资源，要对老手艺活态化利用，为这种文化遗产的传承创造难得的机遇和条件，实现特色化产品转化。通过打造“主题村落再造”模式，以主题村落为载体，以文化旅游为功能，以活态传承为方式，依托传统手工技艺类乡村特色文化资源开展乡村旅游，即以聚集开发为手段，整体形成一个极富活力的生态文化博物村落，是形成乡村特色产业的基本路径。

2011 年国家文物局公布了第一批生态博物馆，选择了独具特色的民族村寨，且有完善原生态的非遗活态传承，如云南西双版纳傣族园、贵州雷山西江千户苗寨等，它们都已经成为全国知名的乡村旅游胜地。这种乡村文化聚集地往往可以依托特定风俗开展多样化的节庆活动，给游人提供参与体验的文化载体。如最具岭南历史的民间风俗活动——广东省江门市雅瑶镇乡村特色文化活动“烧炮头”，在满足了村民对生活的殷切期盼与精神需求的同时，又传承弘扬了优秀传统民俗文化。

（四）促进农耕文明和现代文明有机结合

我国是一个农业大国，农耕文化源远流长。在长期的农耕实践中，先辈们积累了丰富的农耕经验，留下了极具价值的农业文化遗产。截至 2017 年，我国已有 62 项农业文化遗产被纳入国家保护地图，其中 11 项入选全球重要农业文化遗产，数量居世界各国之首。但是由于缺乏系统有效的保护，在经济快速发展、城镇化加快推进和现代技术应用的过程中，一些重要农业文化遗产正面临着被破坏、被遗忘、被抛弃的危险。因此，留住农耕文化之魂，亟待加强农业文化遗产的挖掘和保护。

当前，我国农业文化遗产保护面临着许多问题。中国工程院院士、联合国粮农组织全球重要农业文化遗产指导委员会主席李文华指出，对农业文化遗产的精髓挖掘不够，没有系统地发掘出农业文化遗产中的历史、文化、经济、生态等价值。与此同时，社会价值、传统理念与现代技术的创新结合也不够。《中国重要农业文化遗产发掘与保护工作评估报告》指出："农业文化遗产保护制度建设还要不断向前推进。尽管出台了《重要农业文化遗产管理办法》等一系列法规制度，但当前最紧迫的是缺少生态与文化方面的补偿措施。遗产地传统农耕生活对年轻人缺乏吸引力，很多传统农耕栽培技艺的传承人年龄都在 60 岁以上，面临后继无人的状况。"此外，保护与可持续利用机制也有待健全，仍存在重眼前、轻长远，重申报、轻保护，重生产、轻生态的现象。

农业不仅具有经济功能，还有其他多种功能，诸如生态、文化、社会功能。对农业文化遗产展开发展性保护，就要保证农民收入不断增长，让农民从农业文化遗产保护中受益，实现多方参与、共享发展。要把农业文化遗产保护和特色农业、生态农业、休闲农业、品牌农业、文化产业的发展有机结合在一起。这样不仅农产品能为发展提供物质基础，而且生态产品和文化产品也可以为生态和文化产业的发展提供物质基础，多种产业融合发展，共同促进当地经济水平提高。

传统农耕文明要保护与发展，但不应简单开发。在这个问题上，浙江省青田县的做法给了我们很好的启示。浙江省青田县方山乡龙现村碧绿的水稻间游动着红色田鱼，脚掌大的青石、泥草垒砌的田埂引人注目。青田县农业农村局有关负责人介绍，这种田埂的垒法自古流传，为保护田鱼，不用水泥砌起，当地农民种田不用化肥，环保又安全。青田稻鱼共生系统的传承和保护，让农田生态系统得以平衡，生物多样性得以保护。

开犁是一项传统农事习俗。2018 年 5 月，浙江省瑞安市林川镇 5 个村庄抱团联办开犁节活动，吸引近万名游客前来旅游观光，重温农耕文化，体验农耕生活。开犁节不仅传承了传统的开犁活动，还融入了特色鲜明的农村体验活动。乡村振兴，既要塑形，也要铸魂。乡村文化就是这个魂。近年来，瑞安市树立“产村人融合”理念，不断保护开发乡村文化的“富矿”，把乡村文化融入乡村建设、乡村文明、乡村治理中，推进规划美、环境美、人文美、风尚美、秩序美，努力实现乡村振兴。

南方的青田稻鱼共生系统、北方的内蒙古敖汉旱作农业系统、西部的新疆吐鲁番坎儿井农业系统都实现了传统农耕文明与现代技术的完美结合，为新时代文化传承提供了不同的成功模式和启发。

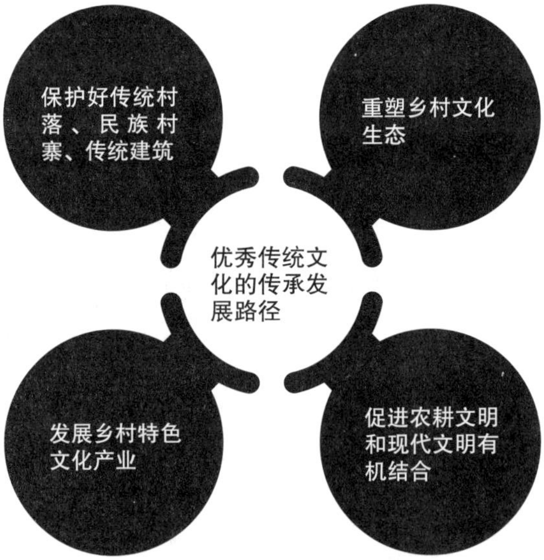

优秀传统文化的传承发展路径

典型案例

奖优罚劣！河南每年开展一次公共文化服务体系建设考核

为加快推进全省现代公共文化服务体系建设，省政府办公厅2018年印发《河南省现代公共文化服务体系建设绩效考核办法（试行）》，每年对各省辖市、省直管县（市）政府实施一次绩效考核，并向社会公开通报考核结果，奖励先进，批评落后。

绩效考核办法（试行）指出，全省现代公共文化服务体系建设绩效考核工作在省委省政府领导下，由省公共文化服务体系建设协调领导小组具体组织实施，考核对象为各省辖市、省直管县（市）政府。考核工作每年实施一次。考核坚持政府主导、突出重点、客观公正、奖优罚劣的基本原则。考核内容涉及四个方面。

设施建设。主要考核公共文化服务场馆（设施）建设情况。包括：图书馆、博物馆、文化馆（站）、美术馆、科技馆、纪念馆、体育场馆、工人文化宫、青少年宫、妇女儿童活动中心、老年人活动中心、乡镇（街道）和村（社区）基层综合性文化服务中心、农家（职工）书屋、公共阅报栏（屏）、广播电视播出传输覆盖设施、公共数字文化服务点等建设情况。

服务供给。主要考核政府主导的公共文化服务供给情况。包括：公共文化场馆的服务情况、重大公共文化活动开展情况、社会力量参与公共文化服务情况等。

保障措施。主要考核各级政府对公共文化服务体系建设的保障情况。包括：组织保障、财政保障、队伍建设、人才培训情况等。

社会评价。主要考核公众文化需求的征询反馈制度建立情况，公众对公共文化服务的满意度等。

绩效考核分为自查申报、现场考核、第三方评估、综合评定四个步骤。考核结果将按省辖市、省直管县（市）分别排序，并向社会公开，作为文明城市建设的重要内容，纳入科学发展考核体系。对考核成绩突出的省辖市、省直管县（市）给予奖励。对连续 2 次考核结果后 2 名的省辖市、后 2 名的省直管县（市），予以通报批评并限期整改。

（河南省人民政府网 2018 年 7 月 31 日）

四、优秀传统文化的传承发展对策

（一）树立人才是根本的文化发展理念，建立多层次的文化人才队伍

农村发展，人才为本。优秀传统文化传承需要大批文化人才，既要专业人才来进行规划、引导和指导、管控，更需要各类综合性人才来实施推进。结合当前我国农村社会和农村文化的现实，各地农村要下大力气广纳贤士，吸纳人才，具体措施包括：改革用人制度，创新用人机制，在机构编制、职称职级、福利待遇等方面向基层文化人员倾斜；建立相关规章制度，提供条件保障，吸引乡贤、志愿者等优秀人才进入农村文化领域；增加农村生活时尚元素，吸引青年驻村参与建设；等等。

（二）坚持以文化人，重视培育提升农民文化素质

从根本上说，农民是优秀传统文化传承发展主体，文化传承归根结底要依靠这个主体，其成效如何取决于农民的文化素质和文化意识传承效果。尊重农民的农村文化传承的主体地位，发挥其主力军作用，是优秀传统文化传承的必然要求。同时，必须看到，相当数量的农民文化素质较低，在文化传承意识和价值上认识不足，即使被发动起来主动参与，在传承中由于个人文化素质所限，难免力不从心。因此，必须重视培养、教育农民，用社会主义核心价值观、现代文明提升其素质，提升其文化层次和水平，使其形成良性自我发展机制，敢于传承，乐于传承，能于传承，切实担当起文化传承发展的重任。唯其如此，乡村文化才能得以真正的振兴。

（三）站位高远，以开放态势提升文化活动品质

文化传承既要立足优秀传统文化资源，更要注重提炼出新，从现代文明中汲取滋养、走向开放，打造具有新时代特质的农村文化。如丽水“乡村春晚”依托传统民俗文化、结合旅游产业、融入时尚元素，已成为城乡共享的文化品牌。2018 年 3 月 12 日晚，群星璀璨聚联城，共建文明新农村 2018 联城—太平乡村春晚优秀节目展演在武村农贸市场交易点隆重举行。晚会以太平巨溪村的《龙腾虎跃》民俗表演开场，只见一条金龙左耸右伏，九曲十回，时缓时急，蜿蜒翻腾地在舞台上舞弄起来。正是这种文化原生态，饱含着浓浓的乡土气息，足以抹平久别的“乡愁”。民众的热爱与广泛参与，永远是文化发展的内生动力。透过“村晚”这个文化窗口，我们深刻感受到其中的文化内涵，每个群众的脸上都映衬出“文化自信”四个字。

专家观点

互联网下的民俗文化

当今社会，互联网已成为人们生产生活不可或缺的部分，在促进经济社会快速发展的同时，也改变着人们生产生活与思维方式，营造出新的社会关系和文化氛围，催生出诸多新的文化事象，形成新的民俗。网络民俗就是以传统民俗文化为基础、以网络技术手段和语境为载体，由广大网民创造、享用和传承的新兴文化生活和生活文化。它涉及人们的学习、工作、娱乐、生活等方面，包括以音乐、舞蹈、戏曲、影视、美术等为主要内容的网络民俗艺术，以网络空间为平台、由“写手”或“推手”与读者互动、集体创作的网络文学，以符号、数字、字母等为主要形式和新造、翻译、同音等为主要内容的网络民俗语言，以网络红人、“最美××人和事”等为核心“圈”的网络崇拜与信仰，以电子贺卡、电子祝福、电子祭祀等为主的网络祝福与祭祀，以及网络游戏娱乐、网络占卜等形式。

——中南民族大学文学与新闻传播学院副教授　杨秀芝

（四）多方筹备，鼓励社会力量参与文化建设

我国优秀传统文化内容丰富，其传承是一项繁杂而重大的任务，只依靠某一方面的力量显然难以满足其发展需求。为此，需要动员社会各方力量参与，鼓励和吸引多类型、多渠道、多形态、多元化的社会

力量参与其中，涉及人才、资金、内容等方面，提供多样化产品，满足不同层次需求。

舟山市普陀区六横镇积极开展“文企结对”活动，“淘文化”公共文体产品和服务平台已有600余家文化企业入驻，成为农村优秀文化传承的典范。

2018年10月1日，新疆喀什地区疏勒县英阿瓦提乡滚独鲁库木村的村民们着装一新，整齐列队在村委会广场，升国旗、唱国歌、面向国旗宣誓……随后，设在村委会内的爱心超市又一次开放了，村民们排起了长长的队伍，手里拿着积分券，等候用积分兑换所需的物品。爱心超市里，衣服、大米、食用油、日用品等琳琅满目。爱心超市是新疆维吾尔自治区社会科学界联合会、北京市仁爱慈善基金会共同发起的一项活动，目的是助推新疆南疆农村脱贫攻坚工作，倡导村民有诚信讲道德，弘扬中华优秀传统文化，重塑乡村文化生态。滚独鲁库木村的爱心超市以“惠民”“爱心”“孝心”“责任心”“致富心”“传递正能量”等方面为主题，围绕村民参与维稳工作、积极配合工作队和村“两委”坚强基层基础、脱贫攻坚、积极参与村级事务管理、家庭美德、国家通用语言学习教育等方面进行奖励，结合村规民约制定《超市管理办法》和积分兑换规则，把思想引导和物质奖励结合起来，激发村民内生动力，让扶贫、扶志、扶智真正落到实处。

（五）积极发展村集体经济，为文化建设提供资金保障

各地村集体经济情况不一，其强弱程度影响着农村文化建设。重视发展村集体经济，为建立优良乡风文明提供充分的内源式资金保障，

才能筑牢基层思想文化阵地、消除迷信活动。

列入第三批国家级非物质文化遗产名录的“蓝夹缬技艺”是中国印染工艺的“活化石”，曾是温州民众婚嫁的必备用品。非遗传承人王河生与其他农户一起组建的马屿镇净水村靛青专业合作社，以蓝夹缬靛青染料炼制技艺为核心，创办蓝夹缬博物馆。此举不但完整地传承了靛青种植、炼制及蓝夹缬产品制作一整套技艺，还利用靛青的根（即南板蓝根）制成农产品，走出了一条传统非遗文化带动特色农业的路子。文化为犁，强村富民。蓝夹缬靛青染料炼制技艺成了产品宣传的活招牌。“原来一亩地仅收益两三千元，现在可达七八千元，效益明显提高。”王河生说。他们开通了淘宝店等网络销售渠道，上架了蓝夹缬手工制品、板蓝根等特色产品，吸引了很多外地消费者购买。2017 年蓝夹缬博物馆与靛青专业合作社的销售总额超过 100 万元。蓝夹缬产品等民间民俗工艺品，凝聚着一方村民的文化追求，是有别于城市的显在表现之一，其文化的异质性将是实现乡村发展、壮大集体经济的重要因素。

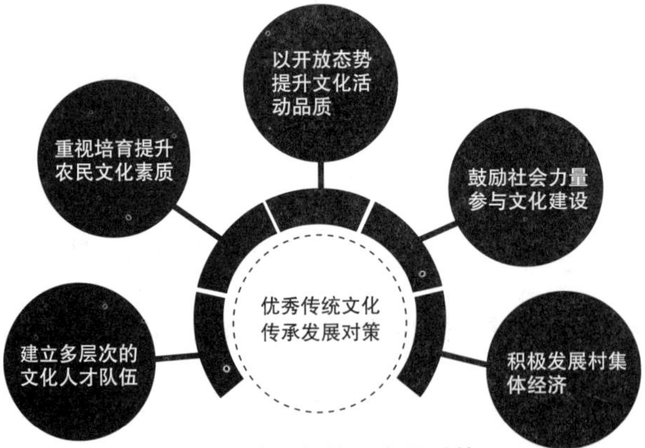

优秀传统文化传承发展对策

延伸阅读

1. 习近平：《在文艺工作座谈会上的讲话》，《人民日报》2015年10月15日。

2. 王磊：《乡村文化振兴的国学思考》，《光明日报》2018年7月7日。

深度思考

1. 如何认识乡土文化在乡村振兴中的地位和作用？我国乡土文化的特点与发展现状如何？

2. 当前，推动农村传统文化的现代传承发展，有哪些路径与方法？

第八章

共参共建，载体育人

党的十九大报告明确提出：文化是一个国家、一个民族的灵魂。文化兴国运兴，文化强民族强。完善公共文化服务体系，深入实施文化惠民工程，丰富群众性文化活动。加强公共文化服务体系建设，保障人民群众基本文化权益，是乡村文化振兴的重要内容。

文化振兴，关键在人。人的作用的发挥，离不开一定的载体。推进乡村文化振兴，要注重载体和平台建设，需要文化基础设施、文化场所，也要合理配置文化资源，组织开展丰富的文化活动，以巩固农村文化阵地。

农村公共文化服务，是指国家和社会力量对农村公共文化建设和农村群众文化活动给予帮助和支持，是农村社会福利的一个重要组成部分，以满足广大农民日益丰富多彩的精神文化生活的需要为服务重点。农村公共文化服务，是全面建成小康社会的内在要求，是新农村建设的重要内容，对于加强农村文化建设、保障农民享受基本文化权益、提高农民文化素养和生活水平、促进农村经济发展和社会和谐具有重要意义。

一、农村公共文化服务体系建设存在的问题

公共文化服务，是指由政府主导、社会力量参与，以满足公民基本

文化需求为主要目的而提供的公共文化设施、文化产品、文化活动以及其他相关服务。公共文化服务的根本目的是更好地满足人民群众的基本文化需求，实现好、维护好、发展好广大人民群众的基本文化权益。应推动基本公共文化服务标准化、均等化发展，引导文化资源向城乡基层倾斜，创新公共文化服务方式，保障人民基本文化权益。

近些年来，各级党委、政府高度重视农村公共文化设施的建设，不断探索，积极实践，农村文化建设取得了显著成效。但是，农村公共文化服务体系建设还存在很多问题。

（一）资金短缺

首先，公共文化服务资金严重不足，缺乏有效的资金投入和基本经费保障。我国文化事业经费占国家财政总支出的比重多年来都是0.3%～0.4%，而在这些资金中对农村文化投入仅占全国文化事业经费的25.5%左右。其次，地方政府投资太少，农业税费改革以后，农业税取消，乡镇政府的财政收入留存有所减少，而支出责任并未相应递减。资金困难就难以保证农村文化建设方面的资金拨付。再加上，在农村，文化室负责人大多由村干部兼任，没有任何报酬，工作积极性不高，专业水准也参差不齐，开展公共文化服务活动的能力十分有限，设施闲置现象较为突出。

（二）管理混乱

一些地方对农村公共文化服务工作认识不足，领导重视程度、投入力度和工作力度都还不够。认为文化工作是软任务，花钱多效益少，可搞可不搞的大有人在，因此不少地方官员对经济的关注远远胜于精神和文化建设，而忽略乡村公共文化服务体系的建设与保障。另外，在文化事业管理体制上存在多头管理、条块分割的问题，多个部门各自为政。基层政府领导对农村文化工作缺乏有效考核监督机制和具体考核措施。

（三）人才匮乏

基层文化队伍整体素质也明显偏低，没有准入门槛，文化服务难以适应文化工作的需要。另外，县镇二级文化单位队伍不稳定，人才流失比较严重，很多单位需要的人才进不来，不需要的人员又出不去。村一级农村文化人才缺失严重，专业人才匮乏。

（四）农民主体意识淡漠

在农村，不少人还是以物质生活为第一位，留守的部分有文化、有知识的人员大多时间都投入到了市场经济博弈中去，对发家致富的渴望和追求，使他们根本无暇顾及自身对文化的需求和参与。

此外，还存在农村公共文化服务水平不均衡问题。主要是地区间不平衡，东部地区和西部地区差异很大，发达地区和不发达地区存在明显差异等。这些问题的存在严重影响着农村公共文化服务体系的建设，使农村精神文明长期滞后，正能量不足，导致部分农村地区的赌博、地下彩票、封建迷信活动等歪风邪气抬头，严重影响了地方的治安和社会的稳定。

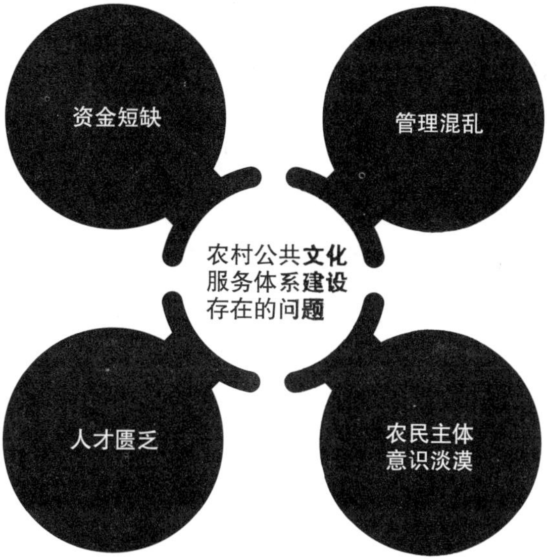

农村公共文化服务体系建设存在的问题

二、新时代农村公共文化服务体系建设的基本要求

依据党的十八届五中全会部署和党的十九大部署，结合当前我国经济社会发展水平和农村文化事业发展实际，新时代构建农村公共文化服务体系有以下几点要求。

（一）以人为中心，满足人的基本文化需求

以人为中心，就是要以当代农民为中心，准确认知农民文化层次和文化水平，深入了解并不断满足其基本精神需求，科学规划，让村民真正成为设施的主人、活动的主体、服务的对象，提升农民的文化获得感。切忌主观臆想，提供了农民不需要、不参与的服务，输了不该输的血，

这样不仅达不到预期目的，相反还会带来不好的后果。

（二）明确政府责任，做好扶持、投入和监管

政府需要承担其农村公共文化服务的主要责任。从资金、项目、人才、活动、监管等不同角度大力投入、提供指导、加强保障、加强监管，农村公共文化服务建设才能落到实处、取得实效。同时，也积极鼓励企业、社会、非营利组织和广大群众提供农村公共服务，不断扩大供给，提高服务水平。同时，鉴于当前农村公共服务体系出现的新情况、新问题，政府各部门应负起落实、监管责任，明确责任主体，制定相关标准，对指标的完成情况给予奖惩，用规章制度加以规范，切实解决因空置闲置而造成的资源浪费问题。

（三）培育和弘扬社会主义核心价值观

乡村文化承载着以文化人、以文育人，促进人的全面发展的重要社会责任。什么样的文化能化人育人？社会主义核心价值观提供了当代最好的答案。在农村公共文化服务体系中，要以培育和弘扬社会主义核心价值观为目标，在设施建设、产品提供、活动开展中贯穿渗透这条主线，为美丽新农村建设提供灵魂。

（四）提高村民文化素养，促进人的全面发展

明确农村公共文化服务的对象及主要任务，以此为基本依据，在服务提供上，把握新时代农民的文化素养现状及发展需求，从规划到实施，让专业的人干专业的事，根据需要举办名家讲堂、文化活动，还可以有计划地组织有想法的人外出参观，开放思维、启迪思维，提升农民的科学文化素养和精神文明素养。山东省寿光市公共文化服务体系提档升级就是很好的例子。为更好满足人民群众对美好文化生活的期待，寿光市以“文化名市”建设为统领，将2018年确定为全市“乡村文化振兴年”，全面叫响“农圣故里·文明寿光”核心文化品牌。寿光市积极完善公共文化服务体系，建设了一批文化惠民工程，加强了公共文化基础设施和服务网络建设，实现公共文化阵地提档升级和公共文化服务效能不断提升。寿光市财政每年出资200万元，为100个村（社区）文化大院、农家书屋配备文体设施，推出“你读书、我买单”线上线下活动，形成了以城市书房辐射乡村阅读的新模式。2018年寿光市创新成立了公益性全民艺术普及社会联盟，首批确定了11家试点单位，开展舞蹈、音乐、绘画等公益培训，全年培训辅导文艺骨干2万余人次。

专家观点

提升农村公共文化服务水平

“十三五”时期，提升农村公共文化服务水平，需要在以下几个方面做出努力：一是推进农村公共文化服务供给侧改革。这一方面要统筹协调好政府的“主观推送”与农民群众的“实际需求”，要根据地区、学历、政治面貌等标准对农民群众进行细分，分群分类进行服务推送，但不能一味地迎合“实际需求”，要有一定的“底线标准”；另一方面要实现由政府“单一供给”向政府、社会、企业“多元供给”局面转变，鼓励和支持社会力量兴办公共文化服务活动。二是推进农村公共文化服务标准化均等化建设。应贯彻落实中办、国办《关于加快构建现代公共文化服务体系的意见》和《国家基本公共文化服务指导标准（2015—2020年）》，促进城乡文化发展一体化，建立健全城乡公共文化帮扶机制。加大对农民工等弱势群体的公共文化服务的支持力度，加强文化扶贫，加快推进贫困地区公共文化服务体系建设。三是增强农村公共文化服务的内生活力。通过加大政府财政投入，鼓励社会个人、企业出资建立农村公共文化服务专项基金，创新金融机构对农村公共文化服务活动的信贷制度以及加强农村公共文化服务活动专项经费管理等措施破解资金难题；通过完善公共文化服务专职人员的职称评定程序和标准，将公共文化服务专业人才培养纳入国民教育体系，大力发展公共文化服务志愿者队伍等办法破解人才难题；运用互联网等科技手段，开发和利用民俗文化资源，打造公共文化服务精品，发挥品牌效应，产生经济价值，帮助农民脱贫致富。

——湖南省社会科学院湖南文化创意产业研究中心副研究员郑自立

典型案例

文化协管员激活乡村“大舞台”

欢快的扇子舞起来，震天的锣鼓敲起来，高亢的秦腔吼起来……2018年9月14日，走进陕西省富平县庄里镇三河村，在村文化协管员陈勤义的指挥下，群众欢快地扭着秧歌，跳着广场舞，一张张热情洋溢的笑脸如沐春风。

近年来，富平县以城乡公共文化服务均等化为目标，以农村基层“文化协管员队伍”建设为重点，积极践行社会主义核心价值观，推动公共文化服务更加普惠、便利、公平。

“干好基层文化，关键在人，在于每个村都要有热爱文化、懂文化、会管理的人，有了一支热衷于文化活动的文化工作者队伍，才能真正打通基层公共文化服务‘最后一公里’。”三河村党支部书记莫代武说。

为了打造这样一支基层文化的“生力军”，富平县确定了建立文化协管员队伍，形成县、镇、村三级联动的基层文化工作框架，经过层层申报、筛选，建立起一支由282名热爱文化事业、具有文艺特长的群众组成的文化协管员队伍，同时为全县16个镇（办）选聘32名由“三区”人才支持计划文化工作者、文化馆、剧团等专业人才组成的文化督导员队伍，并统一颁发聘书，实现从“送文化”到“种文化”。

“过去我们是‘游兵散勇’，现在终于找到组织了，县上、镇上这么支持，以后我们就可以大展身手了。”陈勤义对此深有感触。他能说会道，自从当上文化协管员后，县里从新时代文化法规、基层公共文化服务面临的形势，文化协管员、督导员如何履行岗位职责进行培训，让他们服务群众文化活动的积极性更高了。

“新作为，新理念，挽起袖子要大干。新农民，新农村，美丽乡村环境新……”陈勤义自己编写的快板《赞十九大36个“新”》

成为人人传唱的经典节目。他除了编排节目外，还组织村上的秧歌队、锣鼓队、舞蹈队，让人人都参与进来。

无独有偶。淡村镇中合村、到贤镇到贤村各类文化惠民演出如火如荼；城关街道新庄村、老庙镇笃祜村是美丽乡村的示范点，丰富多彩的文化活动让群众幸福感不断提升；宫里镇涧头村、薛镇赵老峪南村、曹村镇大贾村等能够积极与县剧团、文化馆对接，组织、协调“一元”剧场、“四进零距”、书画培训交流等文化惠民活动，群众热情高涨……

“以前演出时，因为缺少有效的组织，有时候很尴尬，观众还没有演出的人员多，现在好了，每个镇（村）都有我们的‘联络员’，积极协调场地、组织群众，演出过程中还鼓励‘戏迷’互动，和之前相比，观众增加了几十倍，乡亲们看得高兴，我们也唱得带劲。”谈到下乡演出，阿宫腔剧团的同志感触最深。

据统计，基层文化协管员依托综合性文化服务中心，利用“三八”妇女节、“五一”劳动节、端午节等节日，共开展常态性文化活动 400 余场次。

“以前，村民最大的娱乐就是打打牌、谝谝闲传，现在有人带领，可以去唱歌跳舞、读书看报，精神面貌焕然一新，村风民风也得到很大改善。”富平县城关街道石川河社区党支部书记赵高文这样说。

2018 年 4 月，各镇（办）组织了以“频阳大地春光好，百花丛中舞翩跹”为主题的广场舞海选，活动自发起以来，全县共有 186 支队伍，2600 余人参赛。在这些活动的组织中，新建立起的文化督导员和协管员队伍初显身手，发挥了积极的作用，他们组织群众、发动群众广泛参与到文化活动中。

“这一场场活动，真是基层文化的大展现、大亮剑。对我们来说就是一次文化盛宴、一次文化大餐。”老百姓纷纷感慨道。

（《渭南日报》2018 年 9 月 21 日）

三、农村公共文化服务体系的建构

（一）农村公共文化服务体系建构的总体思路

以强化资源整合、创新管理机制、提升服务效能为重点，因地制宜推进基层综合性文化服务中心建设，把服务群众同教育引导群众结合起来，把满足需求同提高素养结合起来，促进基本公共文化服务标准化均等化，使基层公共文化服务得到全面加强和提升。

专家观点

优化乡风文明建设的载体和形式

坚持供给侧结构性改革的思路，顺应人口分布和流动趋势，基于农民的需求变化，优化文化资源配置，创新文化供给形式。通过给农民提供文化消费券等形式积极开辟新的文化下乡途径，吸引市场主体参与乡村文化供给，让农民自主选择喜欢的文化产品去消费。引导村民制定简单易行的村规民约，持续整治“无事酒”。突出农村党员的先锋模范带头作用，通过组织纪律，禁止村“两委”干部大操大办红白喜事，引导干部群众从我做起，从身边做起，移风易俗，倡树新风。在村社、广场等群众聚集地设置展示榜，形成强大舆论氛围，让群众在耳濡目染、潜移默化中受到教育，涵育村风民风。通过召开村民代表座谈会、发放倡议书、签订承诺书和入户宣传等形式，将禁止大操大办婚丧喜庆事宜的村规民约宣传到户、到人，入心入脑，引导村民主动转变观念，自觉追求更加文明的生活方式。

——重庆社会科学院农村发展研究所研究员 丁忠兵

（二）农村公共文化服务体系的建构措施

1. 加强设施建设和管理，优化公共服务网络

政府进行专项规划，结合当地实际需求和文化特色，建设公共文化设施。公共文化设施的种类、数量、规模、选址和布局，应当优化配置，形成场馆服务、流动服务和数字服务相结合，覆盖全面、便利可及的公共文化设施网络，满足人民群众基本文化需求。建构专门文化管理队伍，提升文化服务效能，做到“一乡一组织，一村一专人”。乡镇（街道）综合文化站要有专人负责，充分发挥组织引导、人才培训、协调管理、业务指导的职能。社区（村）配备专职文化体育管理员 1 名，建立群众文化需求反馈机制，实行菜单式服务。

2. 丰富公共文化产品供给，提高公共文化服务效能

公共文化产品供给和活动开展，是公共文化服务的重要内容，直接关系公共文化服务质量。政府加强公共文化产品创作生产规划，支持和引导优秀公共文化产品的创作生产，加强优质公共文化产品的供给，弘扬社会主义核心价值观。积极推动当地优秀传统文化的创造性转化、创新性发展，支持具有地方特色的文化产品生产和文化活动开展；创建地方文化产品和活动品牌。由政府积极组织开展全民阅读、全民普法、全民健身、全民科普、全民艺术普及和优秀传统文化传承及家风培育活动，实施基层特色文化品牌建设项目。建设具有当地文化底蕴特色的历史文化展馆，社区（村）建设具有特色的历史文化展室，收入本地历史人物、村庄建制沿革、重大事件、老物件、老家具等展品，保护历史文化记忆，把好的民风、好的家风一代代传承下去。

3. 用乡村文化活动满足群众精神文化需求，做到“一乡一礼堂，一村一舞台”

乡镇（街道）规划建设文化礼堂，满足举办文化节庆、人才培训、文体活动等功能需求。建设社区（村）演出舞台，配备灯光、音响等基础设施，为实现从集体文化活动到登台文艺表演的提升提供条件，满足群众文化活动要求。以弘扬传统艺术、传播现代艺术、普及高雅艺术为重点，推动公共文化服务向基层下沉，广泛开展培训、演出、展览、讲座等文化惠民活动。

文化院坝构建公共文化服务体系新模式。“只要有时间，我们就会到作平文化大院里排练、跳舞、看书，日子越过越有滋味儿！”四川丹

棱县桂花村村民彭桂容笑着说，“这里俨然成了大家的精神家园”。彭桂容口中的“作平文化大院”，是该村集文化活动、宣传教育、科学普及等为一体的文化院坝，也是该县第一个农民自建的文化院坝。作平文化大院、德祥文化大院等是综合性的群众自办文化院坝，盆景园文化大院是文旅结合的文化院坝，培珍摄影文化大院则是专业类的文化院坝……“文化院坝建成后，免费对民众开放，大家常常会聚在一起开展文化活动，成了名副其实的老百姓舞台。”该县文广新局负责人表示，“民间众筹文化院坝建设最大的创新和特点便是民间自办、贴近群众。”它建在百姓身边、田间地头，是从田野里长出的文化，接地气，有力地弥补了社会公共文化服务在农村的空缺。丹棱县通过政府购买、以奖代补、树立典型、搭建平台、服务指导等举措，引导民间众筹文化院坝建设，创新公共文化服务体系，成功探索出了构建现代公共文化服务体系建设的新模式。

专家观点

统筹公共资源在城乡间的均衡配置，建立全民覆盖、普惠共享、城乡一体、均等服务的基本公共服务体系

对于农村基础设施，不但要加大建设投入力度，还要研究如何完善管护机制，让农村基础设施建得好、护得好、用得久。对于农村基本公共服务，要研究怎样提挡升级，改善服务质量，真正实现从有到好的转变，促进城乡基本公共服务从形式上的普惠

上升到实质上的公平。继续加大投入力度，推进新增教育、医疗卫生等社会事业经费向农村倾斜。以增强公平性和适应流动性为重点，推动社会保障制度城乡统筹并轨，统筹城乡社会救助体系，完善最低生活保障制度，完善养老体系。要加快农业转移人口市民化进程，落实好户籍制度改革措施，更好解决随迁子女上学、社保、医疗、住房保障等实际问题，使更多的随迁家庭融入城市生活。加大对返乡创业人员的政策扶持，让他们安下心来、致富起来，使更多留守人群得到家庭团聚、亲人关爱。同时，建立健全留守人员关爱服务体系，在基本生活保障、教育、就业、卫生健康、心理情感等方面及时为他们提供有效服务。

——中央农村工作领导小组办公室副主任　韩俊

典型案例

临泽县鸭暖镇：小镇新风拂农家

白露一过，天气渐凉，而在临泽县鸭暖镇，群众参与文化活动的热情丝毫未减。

入夜，小鸭村十一社文化大院前，妇女们伴着欢快的节奏舞动身姿；古寨村村委会会议室，村民代表正在评选本村三季度“贤孝人物”；白寨村文化广场，打篮球、跳舞、健身已成为群众每晚的“必修课”……

以“乡村舞台”建设为抓手，鸭暖镇挖掘、弘扬和传承传统美德文化，持之以恒打造“德润农家、福泽枣乡”文化品牌，活跃了农村群众精神文化生活。

把舞台建在家门口

“走，看戏去！”

听到楼下乐声悠扬、锣鼓铿锵，古寨村村民王金芳赶忙拉着女儿下楼。

楼院里的乡村舞台上，从昭武村请来的自娱自乐班正在表演《铡美案》(选段)、《党的十八大好》，台下聚满了闻声而来的群众。

“乡村舞台一建起来，外面的文艺队能到村里来演出，村民自己也能登台跳舞、演小品……”白寨村妇代会主任韩彩霞如是说。

与古寨村一样，在文化部门的支持下，白寨村于2015年6月建成乡村舞台后，邀请张掖七一剧团演艺公司登台演出，举办“赛羊比花”暨“快乐老乡”文化活动，全村50多名养羊大户报名参加了“赛羊”，20多名村民参加了“比花”。

截至2015年9月，鸭暖镇建成“乡村舞台”6个，组建自娱自乐班4个，成立广场舞队72支、文艺表演队12支，实现了民间自办文化社团全覆盖，形成了“年初有计划，每季有重点，月月有活动”的群众性文化活动良好局面。

把文化“种”在农民心中

古寨村很美：郁郁葱葱的绿化带、整洁亮丽的住宅楼、古色古香的文化长廊……而来到这里的人，更会感叹于它的“内在美”。父慈子孝、邻里和睦，是这里沿袭多年的淳朴民风。

在美丽乡村建设中，镇村干部以贤、孝为主题，从农事、家事、人事三个方面着手，共同挖掘整理出《古寨村村规民约》：“日出即起，整衣漱洗，清庭扫院，商排家事……”“良田林地，精耕细作，田间地头，莫阻车道……”“借物归还，损物礼赔，雇佣帮工，财物两清……”这些朗朗上口的“四字诀”，已成为古寨村民的行为规范。

相邻的白寨村，则以“德遵仁孝，行守法规”为村训，总结出了《白寨村村民四规八约》，“四规”即德规贤孝、法规严肃、言规义理、行规良善；“八约”即约孝子女、约礼乡邻、约诚自身、约勤家小、约恩长幼、约义交友、约仁和家、约理处事。

一村一品，因村而宜。在鸭暖镇，既融合传统文化又联系各村实际的村规、村训、村歌，如绵绵春雨、涓涓细流般浸润着每一个人的心灵，汇聚成了“村美民富，崇德向善”的强大正能量。

把榜样树在群众身边

美丽乡村，需要文化浸润，更需要榜样的力量。在鸭暖镇的每一个村庄，都能看到“光荣榜、能人榜、好人榜、贤孝榜、曝光台”为主要内容的“四榜一台”。

在每个村的光荣榜上，全国“最美家庭”成员、昭武村青年李天喜就是上榜人物。他 12 年不离不弃照顾半身瘫痪的哥哥、带着哥哥一起创业的事迹成为群众争相传颂的佳话。

在古寨村的季度贤孝榜上，60 岁的三社农户王友仁因团结邻里、孝顺父母、爱护子女，被评选为第一季度贤孝人物；九社农户王开东因多年来不离不弃照顾兄弟的遗孤，被评选为第二季度贤孝人物。这些模范人物，成为生活在群众身边的可亲、可敬、可学的榜样，促使乡风更加文明，乡村更加美丽。

（《甘肃日报》2015 年 9 月 25 日）

延伸阅读

1. 何毅亭：《以习近平同志为核心的党中央治国理政新理念新思想新战略》，人民出版社 2017 年版。

2.《乡村振兴，文化力量不可缺位》，《光明日报》2018 年 4 月 14 日。

深度思考

1. 在农村公共文化体系建构中，如何坚持以人为本，增强农民的获得感？

2. 在农村公共文化活动中，专业人才具有什么样的作用？专业人才参与活动的路径有哪些？

3. 如何打造农民喜闻乐见的农村公共文化服务体系？

第九章

文明风貌，道德化人

完善群众文艺扶持机制，鼓励农村地区自办文化。培育挖掘乡土文化本土人才，支持乡村文化能人。加强基层文化队伍培训，培养一支懂文艺、爱农村、爱农民，以及专、兼职相结合的农村文化工作队伍。传承和发展民族民间传统体育，广泛开展形式多样的农民群众性体育活动。鼓励开展群众性节日民俗活动，支持文化志愿者深入农村开展丰富多彩的文化志愿服务活动。活跃繁荣农村文化市场，推动农村文化市场转型升级，加强农村文化市场监管。

按照有标准、有网络、有内容、有人才的要求，健全乡村公共文化服务体系。推动县级图书馆、文化馆总分馆制，发挥县级公共文化机构辐射作用，加强基层综合性文化服务中心建设，实现乡村两级公共文化服务全覆盖，提升服务效能。完善农村新闻出版广播电视公共服务覆盖体系，推进数字广播电视户户通，探索农村电影放映的新方法新模式，推进农家书屋延伸服务和提质增效。继续实施公共数字文化工程，积极发挥新媒体作用，使农民群众能便捷获取优质数字文化资源。完善乡村公共体育服务体系，推动乡村健身设施全覆盖。以此推动乡村文化振兴，文明风貌，道德化人。

一、良好社会风气是文化振兴的重要体现

乡村振兴，既要塑形也要铸魂，要形成文明乡风、良好家风、淳朴民风，焕发乡风文明新气象。推动农村全面进步、农民全面发展，必须坚持物质文明和精神文明一起抓，提升农民精神风貌，不断提高乡村社会文明程度。

在快速工业化城镇化大潮下，农村人口流动性显著增强，乡土社会的血缘性和地缘性逐渐减弱，农村由熟人社会向“半熟人社会”加快演化。一些地方乡村文化特色逐步丧失，传统重义轻利的乡村道德观念侵蚀淡化，人际关系日益功利化，人情社会商品化，维系农村社会秩序的乡村精神逐渐解体，一定程度上造成了乡村社会秩序的失范。一些农民社会责任、公德意识淡化，与家人感情日益淡漠，家庭观念不断淡化，导致不养父母、不管子女、不守婚则、不睦邻里等有悖家庭伦理和社会公德的现象增多，家庭的稳定性不断被削弱。封建迷信有所抬头，陈规陋习盛行。一些地方农村红白喜事大操大办，攀比之风和过度消费盛行。在农村精神文明建设方面，缺乏一套适应农村社会结构特征，符合农民特点的有效方式、办法和载体，隔靴搔痒、流于形式的问题比较突出。

小康不小康，关键看老乡。农民富不富，还要看里子。改变农村的不良社会风气、提高农村社会文明程度是乡村振兴的重要内容。农村的乡风文明，不仅要靠德治，还要靠自治，靠乡规民约。社会风气直接影响着人的认知，因此乡村要实现真正的振兴，就需要改变乡村居民的生存环境氛围，形成有利于人的精神能力和精神境界提升的社会风气。要突出问题导向，从实践中发现问题，踏踏实实地解决问题，不能推脱责

任、规避矛盾；要加强舆论引导和监督监管，媒体要关注，部门要负责，把问题亮到明处、落到实处；要旗帜鲜明地弘扬正能量，通过各种渠道各种方式致力于促进良好社会风气的形成。

乡村是否振兴，要看农民的精气神旺不旺，看乡风好不好，看人心齐不齐。必须以社会主义核心价值观为引领，坚持教育引导、实践养成、制度保障三管齐下，采取符合农村特点的有效方式，加强农村思想道德建设，加强农村公共文化建设，开展移风易俗行动，弘扬乡村文明。让健康的群众文化生活引领乡风文明，是湖北省恩施土家族苗族自治州建始县长梁镇火龙社区正在探索实践的一项举措。“川牌锣鼓”、狮子舞表演、广场舞一直是当地群众喜爱的文化活动，火龙社区将文化资源整合创新，把乡风文明、社会主义核心价值观、本土旅游资源、特色产品等内容巧妙融合到文艺表演中，用群众喜闻乐见、寓教于乐的表演形式弘扬主旋律、倡导文明新风、推广本地特色资源。为打造一支乡风文明宣传表演队伍，火龙社区居民齐上阵，成立了川牌锣鼓、舞狮子、三句半、广场舞等表演团队，编排了“歌唱村规民约”“阳光火龙”快板等节目，购置了专业台架、服装道具，修建了室外表演舞台，广场周围利用户外写真、喷绘、宣传栏，营造出浓厚的乡风文明氛围。居民们经常欢聚在广场，或排练节目，或运动健身，或拉拉家常，增进彼此感情。阳光、健康、文明的生活方式，已经悄然走进每一位火龙居民的身边。

专家观点

乡村的文化与教化价值是乡村治理和乡风文明的重要载体

中国乡村文化不仅表现在山水风情自成一体，特色院落、村落、田园相得益彰，而且表现在乡村所具有的信仰、道德，所保存的习俗和所形成的品格。特别是诸如耕作制度、农耕习俗、节日时令、地方知识和生活习惯等活态的农业文化，无不体现着人与自然和谐发展的生存智慧。在食品保障、原料供给、就业增收、生态保护、观光休闲、文化传承、科学研究等方面均具有重要价值。同时，我们必须认识到尊老爱幼、守望相助、诚实守信、邻里和睦等优秀传统，是乡风文明建设和乡村有效治理的重要文化资源。农事活动、熟人交往、节日庆典、民俗习惯、地方经验、民间传统、村落舆论、村规民约、示范与模仿等，都是维系村落价值系统的重要载体，不断强化着人们的行为规范，而且是以润物无声的形式深入人们的内心世界，内化为行为准则。

——中国农业大学农民问题研究所所长、教授　朱启臻

二、文化振兴，涵养良好社会风气

（一）培育文明乡风

“万民乡风，旦暮利之。”乡风是维系中华民族文化基因的重要纽带，是流淌在田野上的故土乡愁。《中共中央　国务院关于实施乡村振兴

战略的意见》强调，乡村振兴，乡风文明是保障。实现全面小康的最大短板在农村，重点和难点在农民。在全面建成小康社会指标体系中，农民素质的提高和乡村社会文明程度的提升，是一项重要的指标。

知识链接

乡风与乡风文明

乡风是指乡村风俗、乡村思想和乡村道德等乡村意识形态。从乡村社会来看，乡风又是村民的信仰、操守、爱好、风俗、观念、习惯、传统、礼节和行为方式的总和，是农民在长期生产、生活中积淀而形成的生活习惯、心理特征和文化习性，反映了当地农民的精神风貌。因此，乡风是指长期依托某农村区域，形成的一种共有的区域特色、思维方式以及历史文化传统的乡村文化。

乡风文明作为新农村建设的精神文明议题，包含乡风习俗、农村治安和乡村文化等诸多方面。它不但有别于城市文化，而且是有别于乡村传统文化的新型乡村文化。它是在完善的乡村基础设施基础上，一群有较高文化素质、懂科学技术、会经营管理的新型农民群体，表现出的思想观念与体现的素质修养的理想程度，以及乡村生活的人们之间、人与自然之间保持和谐稳定的状态等。

1. 乡风文明是乡村振兴战略的“魂”

乡村振兴，要“塑形”，更要“铸魂”。乡村发展好不好，不能光看农民口袋里的票子有多少，还要看农民的精神风貌怎么样。淳朴的乡风，是培育涵养高素质农民的沃土；厚重的乡风，可以成为乡村振兴的软实力。从这个意义上讲，乡风文明既是乡村振兴的一个重要目标，也是乡村振兴的灵魂和保障。

2. 乡风文明对建设产业兴旺、生态宜居、治理有效、生活富裕的乡村起着十分重要的作用

乡风文明作为农村社会主义精神文明的重要组成部分，渗透到乡村建设的各个方面，为乡村振兴提供思想保障、精神动力和智力支持，对建设产业兴旺、生态宜居、治理有效、生活富裕的乡村起着十分重要的作用。培育乡风文明，可以引导农民在思想观念、道德规范、知识水平、素质修养、行为操守以及人与人、人与社会、人与自然的关系等方面继承和发扬民族文化的优良传统，摒弃传统文化中消极落后的因素，适应经济社会发展，不断有所创新，并积极吸收城市文化乃至其他民族文化中的积极因素，以形成积极、健康、向上的社会风气和精神风貌。

3. 乡风文明在当代新农村建设中具有特别的地位和作用

我们强调乡风文明，一方面凸显了乡风文明在当代农村建设中的重要性和长期性；另一方面也表明了乡风文明建设的艰难性和艰巨性。因此，乡风文明必须坚持久久为功，常抓不懈。

4. 乡风文明为实施乡村振兴战略提供动力源泉

农民是农村的主人，农民素质的高低直接决定了乡村振兴战略的实施效果。加强乡风文明建设能够提高农民的思想道德水平和科学文化

素质，提振农民的精气神，促进农民养成良好的思维习惯、生活习惯和行为习惯，充分调动农民实施乡村振兴战略的积极性、主动性和创造性，为实施乡村振兴战略提供强大的动力源泉。相反，如果农民文明素质较低，不良风气盛行，则会严重影响农民的精神状态，从而严重阻碍乡村振兴战略目标的实现。

5. 乡风文明是农民幸福感和安全感的重要体现

抓好乡风文明建设能够促进物质文明建设，进一步增强农民的获得感。坚持以文化人、以文育人，用文化的力量塑造农民精神新风貌、焕发乡村文明新气象。把社会主义核心价值观融入农村社会发展各方面，转化为农民的情感认识和行为习惯。突出抓好农村人居环境和思想道德建设，开展“双创”（创建十星级文明户、创建文明新村）活动。建立健全村民议事会、道德评议会、红白理事会、禁毒禁赌协会等群众组织，褒扬乡村新风、反对不良行为。

加强乡风文明建设，一方面要传承和弘扬优秀的礼仪文化、农耕文化、民俗文化、非物质文化遗产等，重塑乡村文化的现实价值。另一方面在乡村社会结构快速转型期，要直面城乡融合发展过程中可能出现的不适应，加强农村思想道德建设、推进移风易俗等乡风文明建设工作。不仅要建立优化具有“村格”的社会功能，如乡村调解、道德评议、村规民约等，也要注重引入文化艺术、新媒体等现代媒介，逐步强化村民接受教育的广度和深度，不断提升文明素质和道德水平。

近年来，吉林省农村精神文明建设取得丰硕成果。通过强化榜样引领，深入开展城乡共建活动，优化人居环境，丰富农民文化生活，增强农村凝聚力，为广大农民群众提供多层次的志愿服务等措施，为加强乡风文明建设提供了重要经验。其中，其志愿服务主要形成了关爱农村未成年人、农村残疾人、农村空巢老人和科技、环保、文化、急难险重等多个“邻里守望”志愿服务活动常态化项目，为培育良好乡风提供了实践基础和良好典范。通化县通过制定出台《农村环境综合整治工作月度暗查等级评定及曝光奖惩办法》，推动社会主义核心价值观落地生根。

培育乡贤，激活榜样，塑造精神。国家“十三五”规划纲要提出，培育文明乡风、优良家风、新乡贤文化。2018 年，《中共中央 国务院关于实施乡村振兴战略的意见》再次强调，积极发挥新乡贤作用。新乡贤是指村里德高望重的老人，退休返乡、打工回乡的有管理能力、有知识、懂技术、有经济头脑的人，道德模范、身边好人、乡村教师、经济能人等有助于乡村治理的人，这部分人由于自己的特殊身份在农村具有广阔的社会资本和社会资源，在发展规划、出谋划策、协调资源、问题应对、促进发展方面具有无可替代的作用，在一定程度上弥补了乡村振兴的资源不足。因此，充分发挥其在新农村建设和乡村振兴中的作用，发挥其榜样力量，形成学习尊崇乡贤的风气，不仅有利于凝聚乡贤文化的力量，促进乡村振兴，而且对于提振乡村士气，促进乡风文明，具有重要意义。传承优秀的乡贤文化，并赋予其新的时代内涵，以乡情为纽带，以新乡贤为模范引领，推进乡村振兴，是乡风文明建设的重要内容。要善于总结各地创新发展乡贤文化、精心培育区域道德文化品牌的经验，推进乡贤文化的制度建设、品牌发展。

乡贤是乡村振兴战略的精神灵魂。安徽省黄山市唐模村被誉为“中国水口园林第一村”，这个历经百年风霜，以水口园林、徽派建筑和田园风光为主要特色的古村落，是目前徽派古建筑遗存最多的村落。这个古村落是由唐朝越国公江华的太曾祖父叔举创建的，晚清翰林许承尧更让这个村落享誉安徽。许承尧1904年毅然请旨回乡兴办新学，先后在故乡唐模创办了敬宗小学堂和端则女子小学堂，成为今日唐模小学的前身。“皖南学务以徽歙最早，歙县兴学，则自许氏。”黄山学院原副院长汪大白介绍，正是许承尧的一腔爱乡之情才让今人看到了徽州园林的精品。历史上的乡贤留下了建筑园林、传统手艺，还留下了宝贵的精神财富。

乡贤文化是中华优秀传统文化的重要组成部分，它以乡愁为基因，以乡情为纽带，以乡贤为楷模，以实现乡村经济发展、社会稳定、村民安居乐业为目标，对乡村振兴有着不可替代的促进作用。乡贤虽然没有正式头衔，却是“魅力权威”，通过自己的人脉、政府资源以及经济实力，可以协调解决村里人的困难，带领和帮助村里人进一步提高生活质量，实现美好生活需要。

知识链接

新乡贤文化

“新乡贤文化”这个名词，在2016年全国“两会”讨论《十三五规划纲要（草案）》时诞生。全国人大代表、安徽省社会科学院研究员钱念孙提出，继承中国传统的乡贤文化，让官员、知识分子和工商界人士“告老还乡”，对农村发展有积极意义。

钱念孙认为，“告老还乡”也可以叫作“退职还乡”，既实现了宝贵人才资源从乡村流出到返回乡村的良性循环，还对解决当下农村空心化积弊，对缓解大城市过于拥挤、不堪重负等“城市病”具有重要意义。新乡贤文化的核心是文明的进步，是一种凝聚力，它不是靠几个“少小离家老大回”的成功人士就能构成的，况且也是不现实的。归根结底还是要解决乡村的文化输入问题，让一代一代的年轻人考取大学之后能够愿意回到乡村发展，愿意根植于这块土地。

总的来说，新乡贤文化是以地方组织与政府架构为主导，广泛吸引包括在外功成名就的乡亲在内的新生力量参与的一种新型乡村文化。

（二）涵育良好家风

家庭是社会的细胞。家庭和睦则社会安定，家庭幸福则社会祥和，家庭文明则社会文明。家风是一个家庭或家族在长期生活中逐渐形成并相传沿袭的价值观和生活方式，是体现家族成员精神风貌、道德品质、审美格调、整体气质的家族文化风格。

知识链接

家教和家风

家教和家风是一个家庭或一个家族良好的行为规范。良好的家教和家风对族群心灵的塑造、人格的养成、操守的培养起着潜移默化的作用，时刻都在塑造人的灵魂，时刻都在彰显一个民族、一个家族的精神风貌。一个有希望的家族不能没有良好的精神风貌和良好的家教。良好的家教所形成的家风能够深入千家万户，使每个人都有良好的教养。良好的家教所延续的家风会对社会产生强大的辐射性和渗透性。只要每个家庭成员都有教养、有觉悟、有道德、有境界、有品位，共同向社会释放正能量，那么一个家庭、一个家族、一个民族、一个国家必然团结友爱，心灵相通，守望相助，形成合力，形成和谐生存和发展氛围，为国家社会发展提供重要支撑。

习近平总书记强调，家风是社会风气的重要组成部分。家风好，就能家道兴盛、和顺美满；家风差，难免殃及子孙、贻害社会。弘扬优良家风，以千千万万家庭的好家风支撑起全社会的好风气是当代家庭的神圣使命和责任担当。

家风是乡风文明的基石。中华民族的家风文化是千年孕育的美德，传统家风在新时代仍然具有重要的价值。传统家风代表着前人的生存智慧和处世之道，会对后人产生潜移默化的作用。“父不慈则子不孝，兄不友则弟不恭，夫不义则妇不顺。”传统社会形成的良好家风对于国家发展、社会稳定及个人修为都产生过积极影响。但是，随着社会结构的变迁和社会关系的变动，农村家庭关系也发生了变化，突出的表现是传统家风被摒弃，优良家风传承出了问题，因此，进入新时代，涵育良好家风成为乡风文明建设的重要内容和基本路径。

通过开展文明家庭创建，好媳妇、好儿女、好公婆评选表彰等活动，引导农民群众从自身做起、从家庭做起，积极营造爱国爱家、相亲相爱、向上向善、共建共享的社会主义家庭文明新风尚。

典型案例

村规民约再升级，奉贤173个村开展“美丽乡村·美丽约定”行动

2018年9月10日，上海市奉贤区召开“美丽乡村·美丽约定”工作调研会，要求全区175个村以村（居）换届为契机，引导全村村民围绕宅基地审批和控制、宅基地租赁和管理、集体建设资金分配、党员管理等方面存在的不平衡不充分问题，定期修订、完善现有村规民约，引导村民自我管理、自我教育、自我服务、自我监督，鼓励群众全面参与乡村振兴建设，以治理有效推动奉贤乡村振兴走在全市前列。

“乡村振兴，治理有效是基础。”奉贤区委书记庄木弟表示，开展“美丽乡村·美丽约定”工作，是奉贤实现乡村有效治理、筑牢乡村振兴战略根基的创新之举，是一个促进科学管理、民主进程、生活富裕的约定，是一个促进发展的约定。奉贤将从约束、惩戒、引导三方面促进村规民约的制定，充分调动群众参与乡村治理的内生力，营造“人人享权利、人人有义务”的治理氛围。

党的十九大报告提出，要加强农村基层基础工作，健全自治、法治、德治相结合的乡村治理体系，并提出完善党委领导、政府负责、社会协同、公众参与、法治保障的社会治理体制。在这个

善治的体制中，制定和实施村规民约便是“公众参与”的一种有效形式。

事实上，村规民约，古已有之，是村民达成共识的生产生活、行为举止的准则，具有不可小觑的约束力。群众平等自愿、协商一致出台的规章制度，本身已取得广泛的共识，实施起来也比较容易、顺畅。因此，村规民约通常在规范村民行为，实现乡邻和睦、乡村安定等方面发挥重要作用。但在前期调研中，奉贤区发现，很多村规民约或内容千篇一律，或内容过于宽泛，已不能满足时代发展的要求，必须根据时代要求建立新的村规民约。

于是，柘林镇南胜村出台了村级的“美丽乡村·美丽约定”试行手册。在这本手册里，“美丽约定”对村民待遇、宅基管理、公共服务、河道管理、土地流转等都有具体的约定。村书记郁立章告诉记者，这些约定，都是由村民共同讨论、商议而订立的，具有很高的公信力。比如，村民在河道管理中做出贡献，就能拿到相应的奖励；村民有损坏环境卫生的行为，明确“以一罚十”。“村民相互约定，相互约束，相互监督，乡村治理的长效机制就自然形成了。”郁立章说。此外，在南胜村，村民通过村规民约，为每个村组选出了信访代理员，并相互约定，矛盾不出村组，不出村。

通过“美丽乡村·美丽约定”行动，群众参与乡村治理的内生力全面调动起来。庄行镇吕桥村村书记王纪英告诉记者：“老百姓自己定办法处理垃圾分类。”一方面，要求村委会在每个村组建立第三方垃圾回收点，提升垃圾处置能力；另一方面，村民相互约定，对于自家产生的餐厨、废纸、塑料、有毒有害、废旧衣物、金属垃圾都要拿到回收点来进行积分兑换，“到了年底，大家一起比一比，谁的积分多。”王纪英说，“哪个村民做得好，村里推优表彰的概率就大。”

此外，奉贤区还号召各级党员干部、人大代表、政协委员主动作为，带头参与村规民约制定，带头遵守村规民约，带头引导群众自觉参与，真正在不断丰富“美丽乡村·美丽约定”内涵中实现区域共同发展。

（《新民晚报》2018 年 9 月 11 日）

（三）厚养淳朴民风

民风是一个民族或一个地区的民众共有的为人处世的态度、方法及形成的风尚，也就是隐约存在的、尚不稳定的、近似民间风俗的行为模式，甚至是不可违犯的行为准则。它在不知不觉中增长，又在习以为常中被人们接受。这些模式有诱导思想和行为朝某方向发展的影响力，为众多人采用，且违犯以后会引起社会某些制裁，民风发展到较稳定时，即相沿成习俗。

民风无形，文明有形。要深入挖掘农耕文化蕴含的优秀思想观念、人文精神、道德规范，支持农村地区优秀戏曲曲艺、民间文化等传承发展。建立文艺结对帮扶工作机制，深入开展文化惠民活动，持续推进移风易俗，弘扬时代新风，遏制大操大办、厚葬薄养、人情攀比等陈规陋习。

要强化宣传教育，用群众喜闻乐见的方式做好宣传引导，在尊重传统习俗的基础上移歪风、树新风；要注重示范引领，做到党员干部带头，严肃积极引导群众破除低俗陋习和不良风气；要促进红白理事会等村民自治组织主动作为，以优质高效的服务解除群众后顾之忧，让群众切实感受到移风易俗带来的实惠和便利。

专家观点

乡风文明建设，要靠政府引导，更要靠乡村人民自觉践行

政府是乡风文明建设的重要推动力量，需要加强政府的引导、动员和扶持作用；同时也需要充分发挥农村基层党组织的战斗堡垒作用和核心作用，大力发挥农村共产党员的先锋带动作用，高度重视农村干部的推动作用。乡村人民是乡风文明建设的主体力量，需要充分发挥村集体和农民主体作用，尤其是新乡贤对乡村治理的重要作用。还需要动员各种社会力量参与乡风文明建设，积极搭建与城市党政机关、企事业单位、大专院校、社会团体以及新经济组织和新社会组织有机融合的平台来共建乡村乡风文明，通过动用社会力量来帮助村级改善文化条件，发展各种服务，进而实现现代乡村文明新秩序。

——华中师范大学政治与国际关系学院教授、中国农村综合改革协同创新研究中心主任　吴理财

乡风民风承载着乡村文明的历史记忆和优良传统，也蕴含着社会发展的时代主题和价值取向。乡风文明不仅是乡村振兴的重要目标，也是社会主义新农村建设的最高要求，关乎新农村建设的成败。要着力培育一批移风易俗先进示范村，建好一批“乡风文明志愿服务站”，评选推

广一批优秀家规家训，坚持自治、法治、德治相结合，强化教育引导与管理约束，促进形成崇德向善之风、勤俭节约之风、文明健康之风。要通过挖掘农村传统道德教育资源，以诚信建设为主线，养成新时代农民的规则意识。通过创造性转化、创新性发展，赋予农村优秀传统文化新的时代内涵。唤起美丽乡村的久远记忆，淳化民风民俗，强化文化自信的历史源泉。弘扬移风易俗好风尚，培育德高望重新乡贤，守住家风建设之根。

淳朴民风的养成不是一朝一夕之功，要坚持不懈，树立长久作战的意识，创新思路，探求新路径，敦风化俗，以文化人，让新的民风成为乡村社会的主流，共同建设美丽中国。

延伸阅读

1. 王磊：《乡村文化振兴是乡村振兴铸魂工程》，《大众日报》2018 年 7 月 5 日。

2. 习近平：《做焦裕禄式的县委书记》，中央文献出版社 2015 年版。

3.《乡贤文化，乡村振兴的正能量》，《福建日报》2019 年 1 月 28 日。

深度思考

1. 如何理解乡风文明是乡村振兴的魂？乡风文明如何推动乡村振兴？

2. 乡风、家风和民风之间的关系如何？如何推动文明乡风、良好家风和淳朴民风有机融合，共同推进乡村文化振兴？

第十章

文化融入，特色打造

紧密结合特色小镇、美丽乡村建设，深入挖掘乡村特色文化符号，盘活地方和民族特色文化资源，走特色化、差异化发展之路。以形神兼备为导向，保护乡村原有建筑风貌和村落格局，把民族民间文化元素融入乡村建设，深挖历史古韵，弘扬人文之美，重塑诗意闲适的人文环境和田绿草青的居住环境，重现田园风光和乡情乡愁。引导企业家、文化工作者、退休人员、文化志愿者等投身乡村文化建设，丰富农村文化业态。

实施农耕文化传承保护工程，深入挖掘农耕文化中蕴含的优秀思想观念、人文精神、道德规范，充分发挥其在凝聚人心、教化群众、淳化民风中的重要作用。划定乡村建设的历史文化保护线，保护好文物古迹、传统村落、民族村寨、传统建筑、农业遗迹、灌溉工程遗产。传承传统建筑文化，使历史记忆、地域特色、民族特点融入乡村建设与维护。支持农村地区优秀戏曲曲艺、少数民族文化、民间文化等传承发展。完善非物质文化遗产保护制度，实施非物质文化遗产传承发展工程。实施乡村经济社会变迁物证征藏工程，鼓励乡村史志修编。

一、“千村一面”：当代农村建设的村庄特色和乡土风情缺失

中华文明悠久而绵延不断，影响着一代又一代的中华儿女，中华民族对乡土深情依恋，而承载这种文明和依恋的，就是千姿百态、万种风韵的乡村。乡村集结和牵动着每一个中华儿女的情思和乡愁，有“绿树村边合，青山郭外斜”的美景，有“山下孤烟远村，天边独树高原”的意境，有“渡头余落日，墟里上孤烟”的思恋，也有“采菊东篱下，悠然见南山”的情怀。

不同的乡村有不同的个性和特色。“百里不同风，十里不同俗。”农村生活具有多样性，不同地域甚至不同村庄，民风、民俗以及生态环境都各具特色，不尽相同。但是，一些地方在建设美丽乡村过程中，出现了片面追求“政绩工程”“形象工程”“千村一面”的情况。一些地方在整治建设过程中存在建大亭子、大牌坊、大公园、大广场等“形象工程”，偏离村庄整治重点；一些地方照搬城市模式，脱离乡村实际；有的甚至存在破坏乡村风貌和自然生态等突出问题。这种不加分析、照搬城市模式的“拿来主义”、盲目跟着人家走的做法，造就了不少“大公园、大广场、大草坪、大牌坊”的“形象工程”使美丽乡村建设“千村一面”，村庄失去了自身的个性和特色。

2015 年，习近平总书记在云南大理白族自治州大理市湾桥镇古生村调研时强调，新农村建设一定要走符合农村实际的路子，遵循乡村自身发展规律，充分体现出农村特点，注重乡土味道，保留乡村风貌，留得住青山绿水，记得住乡愁。如何避免“千村一面”，延续和保护乡村文

化在乡村规划建设中就显得格外重要。2018 年，习近平总书记就“千村示范、万村整治”工程做出重要指示，要求进一步推广浙江好的经验做法，建设好生态宜居的美丽乡村，强调要因地制宜、精准施策，不搞“政绩工程”“形象工程”。“因地制宜、精准施策”，这点明了乡村振兴战略实施中需要把握的准则，唯有如此，才能让中国乡村保持千姿百态，百花齐放，满园春色。

实施乡村振兴战略是一项长期的历史性任务，将伴随着现代化建设的全过程。因此，乡村振兴，必须注意做好顶层设计，注重规划先行、突出重点、分类实施、典型引路。采取各种措施，通过引导、制约、限制等不同手段，推动实施主体根据资源禀赋、区位交通条件、周边景区特色，因地制宜规划设计开发旅游产品，形成“一村一品”的特色和亮点；打造让村民有获得感、归属感、安全感、自豪感，让游客有“望得见山、看得见水、记得住乡愁”的体验感的“有感村庄”。

在开展美丽乡村建设的时候，就应根据本村的实际情况，走出一条适合自身实际的美丽乡村建设之路，切不可陷入“跟着人家走”的模式。否则，“千村一面”，既没了特色，也失去了灵魂，难以给乡村振兴提供物质支撑，农民精神家园将会陷入孤立无援的窘境，难以坚守。

知识链接

《美丽乡村建设指南》

《美丽乡村建设指南》国家标准由质检总局、国家标准委2015年5月27日发布。《美丽乡村建设指南》由12个部分组成，汇集了财政、环保、住建、农业等部委的相关工作要求，分总则、村庄规划、村庄建设、生态环境、经济发展、公共服务、乡风文明、基层组织、长效管理9个部分，对美丽乡村建设给予了目标性指导。

如在村庄建设方面，《美丽乡村建设指南》规定了道路、桥梁、饮水、供电、通信等生活设施和农业生产设施的建设要求，明确村主干道建设应进出畅通，路面硬化率达100%；在生态环境保护方面，提出大气、声、土壤、水等环境质量要求，对村容维护、环境绿化、厕所改造等环境整治进行指导，并设定了生活垃圾无害化处理率、卫生公厕拥有率等11项量化指标；公共服务方面，提出医疗卫生、公共教育、文化体育、社会保障、劳动就业、公共安全、便民服务等领域的要求，其中在医疗卫生、公共教育、社会保障3个领域设定了村卫生室建筑面积、九年义务教育巩固率、农村五保户集中供养能力等8项量化指标；在长效管理方面，鼓励开展第三方村民满意度调查，保障村民参与建设和日常监督管理，充分发挥村民主体作用。

二、以文化融入助推乡村特色发展

（一）乡村文化融入乡村规划

乡村规划是对未来一定时间乡村范围内空间资源配置的总体部署和具体安排，它不是单一的空间规划或建设规划，而是人口、产业、生态、空间、基础设施和公共设施、风貌特色和实施建设等各元素高度关联、互相衔接协调的城乡统筹规划，也是各级政府统筹安排乡村空间布局，保护生态和自然环境，合理利用自然资源，维护农民利益的重要依据，是指导乡村建设的科学手段。科学编制与实施乡村规划对于乡村地区的有序建设和可持续发展具有引导和调控作用，反过来说，乡村规划缺乏科学合理性，不仅解决不了当前农村建设的现实问题，相反还会带来许多新问题。

《乡村振兴战略规划（2018—2022年）》对实施乡村振兴战略工作做出了具体部署，强调实施乡村振兴战略要坚持规划先行。编制村级规划是乡村振兴战略实施的重点和难点。如何做好乡村规划，助推乡村振兴战略实施，在新时代背景下显得尤为重要。

要通盘考虑城镇和乡村发展，统筹谋划产业发展、基础设施、公共服务、资源能源、生态环境保护等主要布局，形成田园乡村与现代城镇各具特色、交相辉映的城乡发展形态。

专家观点

不能用城市化的理念发展农村

通过观察很多地方的新农村建设，我们不难发现，走过一村又一村，村村像县城，走过一县又一县，县县像农村。城乡融合发展，不仅城市要有城市的特征、乡村有乡村的特征，而且还要乡中有城、城中有乡，各司其职，共荣共生。过去不少人提出用城镇化的发展理念来发展乡村，无疑是南辕北辙，必须加以纠正。

——城乡一体化研究团队首席专家、农村发展研究中心研究员 陈文胜

在乡村旅游开发过程中，应体现尊重自然、尊重原貌的意识，以“乡愁”为规划设计的根本指导思想，保留本土的地方风情和文化。许多古村镇之所以吸引人，很大部分的原因就在于它对原貌及本土风情的保留，保存了乡愁的延续性。

应树立科学的规划理念。规划理念是乡村规划的前提，它引领规划内容编制和规划实施落地，是决定乡村规划合理与否的关键要素。凝练村庄规划理念，要充分梳理村庄发展的宏观背景，把握从国家到省、到地市县乡以及相关区域等各级规划对村庄发展的定位等。在此基础上，做好村庄规划的顶层设计，提出规划指导思想、规划原则、建设目标、功能目标、产业目标等，促进形成具有辨识度的村庄发展体系，避免陷入“千村一面”的困境。

《乡村振兴战略规划（2018—2022年）》强调，立足乡村文明，吸取城市文明及外来文化优秀成果，在保护传承基础上，创造性转化、创新性发展，不断赋予时代内涵、丰富表现形式，为增强文化自信提供优质载体。深刻把握乡土文化的内涵和本地特色，为实现乡村文化内涵融入乡村规划提供基础和前提。乡村文化内涵隐藏于历史积淀塑造的人文内涵中，渗透和体现于村民独特的生活方式和生产方式里，因此挖掘美丽乡村文化应该首先了解乡村所处的地域环境，从乡村村民的生产方式、生活方式和乡村景观三个方面入手。每个村落的发展，背后都有着不为人知的历史、传说，吃透隐藏在乡村背后的历史，才能更好地选择符合且独特的文化属性，打造一个乡村的文化品牌。

乡村，对于当地居民来讲，是一种生活环境，也是一种生命印记。因此，乡村文化需要提炼一种让村民认同、游客感知的文化符号，如历史名人。乡村景观，包含因地域环境形成的地域自然风貌、乡村聚落形态、后天农田景观等内容，是村民与自然和谐共处、天人合一的原真文化的体现。在乡村景观的保护与开发中，需注意提炼乡村本土的元素，还原乡村本土的风格，保留原始的乡村风景，保留最初的感觉，保留历史的文脉，保留乡村的味道。

乡村生活方式、生产方式，最能体现乡村文化，是乡村文化的展示载体。在乡村规划中，文化的融入可以通过乡村农事活动体验、乡村农耕技术展示、乡村民俗活动体验等形式，让游客参与乡村旅游建设，让游客感受乡村、寻找儿时记忆的同时，感悟乡村文化，认同乡村生活。

乡村文化涵盖村民生产生活的方方面面，乡村规划过程中应该对乡村自然生态文化和民俗文化进行提炼，确定乡村自然生态文化和民俗文化的表现主题，围绕主题对乡村文化进行发展，形成乡村品牌形象。

一方面，要大力保护并充分彰显富有传统意境的田园乡村景观格局、乡村“传统肌理”、空间形态和传统建筑，传承乡土文脉，保护非物质文化遗产和传统技艺，加强农耕文化、民间技艺、乡风民俗的挖掘、保护、传承和利用，让乡村成为乡土文化传承脉络的符号和乡愁记忆的空间载体，努力实现乡村文化振兴。另一方面，强调顺其自然，避免盲目跟风，尊重乡村特有的田园景观、传统建筑，慎砍树、不填湖、少拆房，尽可能在原有村庄形态上改善居民生活条件和乡村环境。

在建设美丽乡村的过程中，一定要结合本村的实际，把自身的个性和特色凸显出来，并把民风、民俗和生态环境等融合进去，形成适合自身发展的美丽乡村建设的模式，做特、做优、做强，使美丽乡村建设真正有“乡村味道”，提升乡村的品位和美誉度，也让广大村民从中获得更多的“红利”，真正实现村美、民富。

专家观点

大力保护乡村文化载体

我们说中国传统文化的根在乡村，优秀文化得以传承是美丽乡村最重要的标志。但是，我们必须清楚乡村文化的载体是什么。农家院落、村落形态、村落公共空间、标志性建筑、特定的邻里关系与社会结构、风俗与节日、民间信仰和乡土知识、乡规民约、地域特色的生活方式等，都是乡村文化保存、传承与发展不可或缺的载体。当这些司空见惯的乡村存在被毁之日，也就是乡村文化被消灭之时。

——中国农业大学农民问题研究所所长、教授　朱启臻

典型案例

叶县常村镇：一村一景留住美丽乡愁

老青山下层林醉，小桥流水村落美。

“咱这儿山清水秀景美，要我说，那可比城里的环境都好。”2018年11月24日，在河南省平顶山市叶县常村镇下马庄村，几名妇女晒着午后暖阳，悠闲地聊着天。旁边，十几名村民正在用鹅卵石填充路肩。

下马庄村位于绵延的老青山脚下，曾是附近有名的石器加工村。石匠们制作的石磨盘、蒜臼、门墩等石头制品做工精细，很受欢迎。但是随着时代发展，这些传统产品逐渐退出历史舞台，从事石器加工的匠人也越来越少。

“俺村到处是石头，早些年村里很多人都是靠石头赚钱养家。”下马庄村党支书葛继廷说。

山上有石头，村民有手艺，在农村人居环境整治中，该村就地取材，利用山上的石头修路铺桥，既节省料钱又古朴美观。

“建设美丽乡村，要看得见山，望得见水，记得住乡愁。下马庄可以在石头上做文章，打造成有特色的‘石头村’。”常村镇党委书记王森的话坚定了葛继廷的信心。

葛继廷组织村民利用山上闲石填充路肩、扩充路面、修整游园等。山上大车进不去，大家便开着手扶拖拉机，将石头一块一块地搬下山来。看着居住环境越来越美，群众的积极性也被调动了起来，不少群众自愿投工投劳加入环境整治。

在村口，一位老石匠正在石头上雕刻“下马庄村欢迎您”字样。“这块景观石也是在山上找到的，随后在上面刻上党徽，石后种上翠竹，放在我们村口一定很漂亮。”葛继廷脸上洋溢着喜悦。

如今，下马庄村里的路铺上了有“按摩”功能的鹅卵石，石块砌成的护栏里种满了绿植，柴火垛经过修葺俨然成了一景……

下马庄村只是常村镇美丽乡村建设的一个缩影。

常村镇是山区乡镇，也是省级贫困乡镇，农村基础设施较差。近年来，该镇把改善农村人居环境作为决胜脱贫攻坚的有效抓手，连续开展“美化乡村开门迎宾”人居环境集中整治行动，坚持因地制宜，因村施策，一村一景，保留山水，保留乡愁，真正达到山清水秀，村美人靓。

离镇区不远的文集村，文化底蕴深厚，这里有着国家级重点文物保护区——文集遗址。当天，在文集村利用荒地新建的“古寨风情园”已现雏形，十几名工人正忙碌着做游园最后的修整。

“我们村历史悠久，发掘的遗址最早可追溯至新石器时代。”该村党支书潘世佑介绍。在人居环境整治中，该村利用“古寨”文化，以灰色为主色调，添置仿古工艺品，充分利用老民居、老物件，让整个村落别有一番风情。而主街道上鲜红醒目的党建标语，让文集又充满了“红色”气息。

一个多月以来，潘世佑带领村党员干部和村公益性岗位人员每天早出晚归、加班加点施工。“在环境整治中，我们的村干部任劳任怨，起了很好的带头作用。”潘世佑介绍，在人居环境整治刚开始的时候，该村就召开党员大会，统一了思想，形成了“党员带头干、群众跟着干”的火热势头。

从文集村向北约 3 公里，便是月台村。刚进村里，一条干净清澈的河渠便映入眼帘，几名村民正在渠边的小游园里悠闲地聊天。

“以前一到夏天，这条河就臭气熏天，人都不敢走近。”月台村村民王园说，“这条河曾是一个古寨的护城河，但由于荒废时间太久，早已变成一条‘臭水沟’。”2018 年 7 月，在村委协调下，县环保局把这条河列为环保治污项目。整治之后，这里不仅臭味消失了，还成了村民悠闲娱乐的好去处。

如今，柴巴村的灵秀、月台村的风韵、养凤沟村的“栖凤传说”……常村镇人居环境“一村一品”的格局初步形成，各具特色的美丽村落令人向往。

当天，常村镇对全镇 37 个行政村进行了人居环境整治观摩评比活动。大家现场打分，评出一、二、三等奖，对获奖者给予资金奖励。

“人居环境整治是一项持续性工作，时刻不能松懈。下一步我们还将结合艾草、林果等产业，推动美丽乡村创建，让乡愁更有魅力。”镇党委书记王森表示。

（人民网 2018 年 11 月 28 日）

（二）乡村文化融入景观设计

一个地方的景观设计如果抛开其生成发展的文化背景，就会变成无源之水，无本之木。因此，在景观设计中，要充分挖掘历史文化信息，提炼当地文化内涵，将其融入景观设计中，使景观设计能够体现该地独特文化，在传承发展地域文化的同时，又赋予景观设计以独特的生命力。

乡村景观设计以乡村村落、农舍、田园等自然景观和人文景观为基础，无论是自然景观还是人文景观，都离不开乡村文化，都是在乡村文化浸润和影响下形成的，决定着乡村自然景观的面貌与变迁。因此，它成为乡村景观设计的核心要素，是乡村景观设计必须遵循和思考的首要因素。

专家观点

充分认识乡村作为文化载体的重要性

任何文化都需要一定的物质形式承载。皮之不存，毛将焉附？乡村作为文化载体体现在乡村形态、民居格局、标志建筑、风俗习惯、制度安排、民间信仰等诸多方面，而且形成了乡村文化的有机整体和乡风文明体系。乡村文化不仅表现在山水风情自成一体，特色院落、村落、农田相得益彰，形成的独特村落田园综合体，更主要的表现在乡村所具有的信仰、道德、习俗，村落所形成的品质和性格。乡村就像是一座文化的宝库，这里的一草一木，一砖一瓦，人们的一举一动，都被赋予了深刻的文化意义和乡土情怀。农业文化在乡村文化中占有重要地位，历史悠久的农业文化传统，至今仍然是农民生计保证和乡村和谐发展的重要基础。

——中国农业大学农民问题研究所所长、教授 朱启臻

乡村文化融入景观设计应遵循的原则有以下几个。

1. 地域性原则

不同地域具有各自独特的地域特征。文化是体现这种差异的最本质的要素。乡村文化融入景观设计的要求是通过文化融入凸显地域性的自然风光及人文风情。这就需要：第一，运用当地材料，反映地域特色；第二，提取并应用当地的“符号”，彰显地域文化。在乡村景观设计中，风土人情、哲理文脉等方面可以通过象征性设计符号来表达，设计手段以抽象象征为主，这样既能有效地增添环境体系的浪漫韵味，又能彰显地域特色。

2. 独特性原则

每一个村庄都是独特的存在，没有完全相同的两个村庄。因此乡村景观设计应该充分挖掘乡村的独特性。即便是相邻的两个村子，也要找出差异点，设计出不同的乡村主题，这样“一村一品”才能实现“差异化”发展和村村联合。

3. 乡土性原则

一是打造农耕场面。把农耕生活的一些典型景象（如麦场、水车、石碾等）提纯、集萃，源于生活而又高于生活地再现出来；牛背横笛、

鸡鸣犬吠、门前小河等都是农耕生活的点缀。

二是突出田园特点。田园风光是乡村的独特资源，乡村也因此贴上了空气清新、环境清幽、民风淳朴、生态怡人的标签，令人无限向往。在田园风光打造上，要以乡村文化为根基，不能脱离这个根本，只有这样才能真正吸引人，打造精神家园，形成美丽乡愁。

三是服饰与饮食突出乡土性。淳朴简单的乡村服饰、鲜美无污染的农家小菜，符合城市人崇尚自然、返璞归真的精神追求。

4. 适应性原则

适应性原则的要求是，将乡村文化融入景观设计时，一定要考虑文化与景观的匹配度与契合度。不能盲目地将体现城市文化和国外的要素纳入景观设计中，避免不伦不类、不土不洋、不中不西。景观设计不能离开乡村文化，要体现乡村文化价值和文化追求，契合乡村居民首先是农民的文化、社会及功能需求，打造农民的精神家园。

乡村文化是乡村景观设计的灵魂和核心。乡村文化并不是虚无缥缈、不可捕捉的，它有其生存发展的地域根基。要关注乡村文化的形成和发展脉络，挖掘其原真性和独特性，以点扩面，通过原生态乡村景观风貌保护、乡村生产方式、生活方式体验等方式，将挖掘到的乡村文化融入乡村景观中去全面体现。

我国历史文化悠久，乡村景观资源丰富，要开发和利用好乡村景观资源，做好乡村景观设计，提升乡村地域特色，对乡村旅游业进行整体规划，促进乡村旅游业的发展。安徽省黄山市宏村是全国首个企业主导运营的世界文化遗产，是乡村文化与景观设计融合的典范。宏村，古称弘村，位于黄山西南麓，是古黟桃花源里一座奇特的牛形古村落，享有“中国画里的乡村”之美称。景区现完好保存明清民居 140 余幢，承志堂“三雕”精湛，富丽堂皇，被誉为“民间故宫”。著名景点还有：南湖春晓，书院诵读，月沼风荷，牛肠水圳，双溪映碧，亭前古树，雷岗夕照等。四周山色与粉墙黛瓦倒映湖中，山、水、民居与人自然融为一体，好似一幅徐徐展开的山水画卷，是宏村区别于其他民居建筑布局的最大特色，成为当今世界历史文化遗产一大奇迹。依靠新的运营模式，加之一系列连续有效的营销推广，一时间牛形古镇享誉八方，逐步走上旅游开发的成功之路。

2000 年 11 月，宏村景区被列入世界文化遗产名录；2001 年、2003 年先后获评国家重点文物保护单位、国家 AAAA 级景区。2006 年，宏村接待游客 70 万人次，门票收入近 3000 万元，位列安徽全省第四；2007 年，景区为宏村村民人均创收 2000 余元，带给黟县财政的贡献达到 1500 万元。2018 年，黟县接待游客 1798 万人次，旅游收入达 137.4 亿。

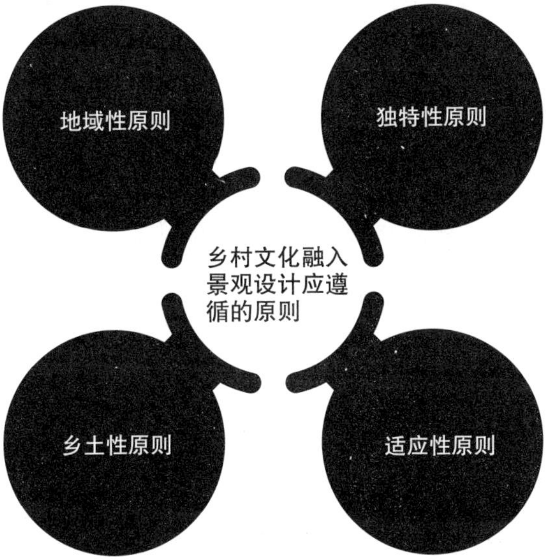

乡村文化融入景观设计应遵循的原则

典型案例

用村史馆留住乡愁铭记历史

手摇式粗布纺织机、浑圆的青石碾子、锈迹斑斑的铁锹、发黄的历史照片……一件件老物件都在讲述村子的古老故事和发展变化……近年来，宝鸡市许多村子建起了以村风村俗历史文化为主题的村史馆，有的展示旧时生产生活方式，有的展示村子数百年的发展历史，有的展示村里历代名人先贤，有的展示改革开放后村子发生的巨大变化，成为农村社区建设的一个新亮点。

走进村史馆　七旬老人回忆峥嵘岁月

一张张老照片见证一段段难忘的岁月，一行行文字记载了近百年的乡村发展史，每当走进西秦村史展览馆，70多岁的李志保老人都倍感亲切，充满激情，仿佛一下又回到了当年带领青年突击队兴修水利、战天斗地、热火朝天的劳动场面……

2017年12月21日，《三秦都市报》记者在宝鸡市陈仓区西秦村采访时，在该村村史馆巧遇李志保老人，这位年过七旬的老人，耳不聋眼不花，精神抖擞，如今仍担任西秦村老人幸福院院长职务。他向记者详细介绍了西秦村从初级社、高级社到人民公社，以及改革开放到新时期的发展变化。令老人骄傲的是20世纪70年代，他们大队拥有解放牌汽车、拖拉机几十辆，并创办了农机修配厂、面粉厂、砖瓦厂等，为国家贡献100多万元。当时，在别的生产队社员每个工分挣2～4角钱时，西秦村每个分值达1元多，成为其他社队学习的榜样。

作为西秦村的元老、村发展史的见证人，李志保老人从1963年开始担任西秦村团支部书记，带领青年生产队队员，白天下地干活，播种、锄地、浇水、收割，晚上开会学习。农闲时给村里的五保户担水、烧炕。农田会战，他所带领的青年突击队总是冲在最前方，干最苦最累的活。1970年，25岁的李志保，被选拔推荐到宝鸡县（现陈仓区）担任县团委副书记，为了扎根农村，他放弃了吃商品粮当脱产干部的机会，返回农村生产第一线。1982年12月20日，作为基层代表，他光荣地参加了共青团第十一次全国代表大会。改革开放后，他先后担任西秦村砖瓦厂党支部书记、西秦村建筑公司党支部书记，带领村民发家致富。

据西秦村村委会主任李志红介绍，西秦村史馆是宝鸡市自发创办的第一家村史馆，由于村里有两家村办企业建筑公司和饮水厂，村民年人均收入2万多元，经济基础较好，该村多年来一直非常重视村史档案的留存与搜集。2014年5月，在美丽乡村建设中，西秦村“两委”决定在村委会办公楼一楼筹建村史馆，在村上现有资料的基础上，发动村民搜集整理有关西秦村历史、发展变化的图片和实物600多件。每到节假日，到此参观学习、旅游观光的游客络绎不绝，村委会专门指派一位大学生村官当解说员，有时村主任李志红和村支书李亚林也到这儿客串一把讲解员。

在西秦村史馆记者看到，“房屋地契”见证了1951年的土改运动，“党总支成立”“33户人家入社”见证了建社入社，而西秦村第一任党总支书记、后任宝鸡县委书记的李双印书写的“以史为镜，教育子孙”的题词，以及从新中国成立后到现在，每个时期的资料照片、村史文物将西秦村的发展历史一一展现开来，给人留下非常深刻的印象。

以村史为鉴　“周礼之乡”建起村史馆

一走进岐山县青化镇焦六村，首先映入眼帘的是周礼文化园，先哲的画像、经典名言和村里的民约乡规相互辉映，宽阔的水泥路面，高大整洁的房屋，街道两旁展示着“德、礼、仁、诚”为核心的周礼文化，在村子“孝文化广场”墙壁上写着治家百言，体育场和老人幸福院张贴着二十四孝图……

《三秦都市报》记者采访时，正赶上甘肃庆阳5位农村基层干部到村史馆参观学习，他们仔细观看村庄概况、村落起源和发展的资料图片，不时用手机拍下来，作为他们筹建村史馆的参考资料。当看到焦六村大学生光荣榜，从1950年到2017年，这个拥有750户人家的小村落，先后有230人考上了大学，并成为各行各业的佼佼者时，不由得啧啧称赞。

村史记载，焦六村是西周时期历史文化悠久的古老乡村，作为周武王封神农六子之地，取焦为氏而得名。而民间传说为："相传有一位老者姓焦排行老六，他助人为乐，乐善好施，所以乡邻为了感谢他，就命名为焦六村。"作为西周王城的近郊，这里的百姓骨子里透着对周礼文化的敬仰，村里的人文遗址和历史故事记载着民间礼仪、周礼传承。村民大多喜欢唱戏、书法绘画和收藏。

对于村史馆的开办，焦六村70多岁的傅志坚老人说："我村这个村史馆办得好，我闲了经常过来看看。现在的年轻人不知道老一辈人所受的苦，不知道今天的幸福生活来之不易，他们到这儿看了之后，就会珍惜今天的幸福生活。"

焦六村村支书傅得善回忆说，以前焦六村曾经一度垃圾遍地，柴草乱堆，邻里纠纷、家庭摩擦不时发生。这样的村容环境，这样的乡风，年轻人找对象都困难。2013年，村"两委"开始进行专项整治活动，并制定了"以德为先、以诚为本、以和为贵、以礼为典"的村规民约，营造一个和谐、健康、文明的良好风气，规范乡村的社会秩序，得到了村民的普遍认同，村容村貌发生了巨大变化。

为了传承周礼文化，铭记村史，2016年9月，在岐山县民政局拨款支持下，焦六村接受社会捐助、自筹资金30多万元建成了村史馆。岐山县青化镇维稳办主任兼民政工作负责人王志锋参与见证了焦六村村史馆的建设，他说："自建成开馆以来，该馆不但吸引了周边乾县、礼泉、扶风等地村民参观学习，甘肃、青海外省的乡镇干部也慕名前来'取经'。借着村史馆建成的契机，焦六村建成了孝文化广场、周礼文化园，并成立了乡贤理事会，增强村民的荣誉感、归属感、幸福感。如今焦六村村史馆已成为青化镇乃至岐山县乡村历史文化一张亮丽的名片。"

从"村史馆"到"乡村游"增容升级

宝鸡农村村史馆的建立开馆，吸引了大量的游客，宝鸡陈仓区西秦村史馆自2014年10月正式开馆，先后接待省内外游客5000多人次；岐山县焦六村村史馆一年时间累计接待游客6000多人次，但是由于场地比较狭小，摆不下历史文物和旧时的农机农具，且内容单一也成为村史馆综合利用的发展瓶颈。

对此，西秦村村委会主任李志红表示，下一步他们将在现有村史馆的基础上增容升级，另建一个占地300平方米的分馆，主要摆放实物，目前正在筹划中。

焦六村村主任徐万俊则拿出该村"农业创意园"的建设规划图，包括农业观光区、水果采摘区、划船垂钓区等，成为与村史馆相配套的新的旅游景点，由此招揽游客，增加村民的收入。目前已有港台客商愿意投资合办，正在商讨具体合作事宜。

眉县白家村是战国名将白起的故里，依托白起祠原址，白家村在建设村史馆的同时建起了眉县白起纪念馆，发展乡村旅游。村史馆和白起纪念馆建到一起，有利于眉县旅游全域化，乡村旅游和县上整体旅游能够挂上钩。2017年9月以后，接待各地宗亲的次数已经不下 20 次。

村史馆铭记历史见证时代发展

近年来，宝鸡许多村子建起了以村风村俗历史文化为主题的村史馆，截至 2017 年 12 月，全市已建成投用村史馆 158 个，其中市级示范村史馆 63 个。

据宝鸡市民政局工作人员介绍，随后，宝鸡市将切实解决村史馆建设不平衡问题，通过充分挖掘村庄自然特色、人文历史、文化内涵等，进一步突出村史馆各自特色，做到一村一品，亮点纷呈。设立村史馆教育日，组织广大群众、学生和回乡成功人士参观学习，激发群众尊崇优秀传统、热爱故土家乡的热情。

陕西民俗学者梁荫认为，内容丰富、图文并茂的村史馆既是社会发展、时代变迁的见证，又是后人了解村史、寻根溯源的源泉。随着各地村史馆的兴建，人们将把古朴的村风、淳朴的民风、良好的家风一代代传承下去，留住乡愁，铭记历史，创造未来。

（三秦网 2017 年 12 月 28 日）

（三）乡村文化融入村庄建设

乡村文化是乡村振兴的里子，是文化文明之根脉。随着农民物质生活水平的提高，对精神文化的需求也不断加大，乡镇文化活动也随之蓬勃兴起。近年来，农村加大文化的资源投入，注重培养农村乡土文艺人才，留住农村文化的“根”，挖掘和保护具有乡土特色的地方文化，建立健全农村公共文化服务体系等，让农村群众能充分享受社会主义文化成果，推动乡村面貌发生巨变，呈现出一幅幅色彩斑斓的美丽图景。

用“艺术”点亮乡村文化的“火种”。将艺术融入乡村的民俗风情，融入优秀传统文化和乡土文化的思想观念、人文精神、道德规范，把农村、农民、农业作为乡村文化形式和内容的主线，用深切的乡土情结增强村民对地域文化、民族文化的归属感、认同感、自豪感，充分发挥群众的积极性、主动性、创造性，建构具有地域特色的乡村文化体系，增强了乡村振兴的动力，展现了乡村文明新气象。

乡村正在乡风民风、人居环境、文化生活“三个美起来”的路上越走越美好，变得更有内涵、更有活力。

（一）加大基础投入，筑牢农村文化阵地

从思想上重视、行动上落实、财力上支持农村文化阵地建设，将农村文化阵地建设与城镇化建设和新农村建设相结合，规划和建设好乡镇综合文化服务站和村级文化活动场所。强化“农家书屋”的建设和管理，积极争取支持，订阅适合农村需要的报纸杂志、书籍，让农家书屋真正“火”起来。不断推进广播电视“村村通”工程，落实国家“电影放映”优惠政策，在乡镇建成“流动影院（车）”，大力实施“电影放映”工程。

（二）加大人才培育力度，提高文化服务水平

树立人才是文化发展的重要资源的观念，吸纳一批善于建设、能于建设、乐于建设的文艺工作者和乡土文艺人才，充实农村文化建设队伍。探索新的文化管理体制，营造良好的文艺人才成长环境，大力培养、引进、选拔和激励文艺工作者，充分调动他们工作的积极性和创造性，为

农村文化建设提供人才支撑。

（三）深入挖掘、保护、丰富民族民间文化，夯实村庄的文化根基

在调查研究的基础上，掌握各乡镇民族民间文化的种类、数量、分布状况、生存环境、保护现状等信息，及时采取文字、录音、录像等现代科技手段进行真实全面的记录，建立档案和数据库；投入资金，扶持民族民间文化的传承，进行深入的挖掘整理，不断丰富民族民间文化，夯实村庄的文化根基。

（四）创新思路，以农村文化产业带动乡村振兴

农村地域大、人口多、市场广，民族刺绣、传统手工艺、民族民间歌舞和民间传说、民间故事等民族民间文化有待挖掘和保护。要创新思路，采取“走出去、引进来”的方式，通过政策扶持、项目包装、文化推介等举措来发展、做活农村文化产业，并以此繁荣农村文化市场，推进农村文化建设。

延伸阅读

1.《建设好生态宜居的美丽乡村——习近平总书记对“千村示范、万村整治”工程的重要指示在浙江引起热烈反响》，《人民日报》2018年4月26日。

2.《着力提升文化振兴软实力——三论学习贯彻习近平总书记在山东代表团关于乡村振兴的讲话精神》，《农民日报》2018年3月12日。

深度思考

1.“千村一面”是如何形成的？如何避免“千村一面”现象？

2.打造乡村特色，首先要挖掘特色，你认为特色的内涵是什么？

3.乡村文化是乡村振兴的里子，如何将乡村文化融入村庄建设，实现乡村建设里子和面子的真正统一？

后 记

党的十九大报告提出“实施乡村振兴战略”，并描绘出一幅“产业兴旺、生态宜居、乡风文明、治理有效、生活富裕”的振兴图景。乡村振兴战略是一个关乎农村产业、生态、文化建设的综合课题，它超越了产业发展和经济范畴，涵盖了经济、政治、社会、生态、文化多个领域。如何让乡土文化回归并为乡村振兴提供动力，如何让农耕文化的优秀精华成为建构农村文明的底色，是具有重要现实意义和深远历史意义的时代课题。

改革开放 40 多年来，农村经济社会发展水平已经有了很大的突破，但是农村发展却仍是中国现代化发展的短板。这不仅表现在城乡经济发展水平的巨大差异上，更体现为传统文化资源的流失、农民精神文化需求的短缺及全社会对乡村文化价值认识的偏差，导致了乡村文化的空心化、虚无感和与现代文化对接能力的缺失。梳理乡村文化的发展历程，反思乡村文化的基本规律，从乡村的历史、文化发展的基本规律来探索乡村的未来，是新时代赋予农村的重要使命和重大任务。

在实现农业现代化和城乡融合发展的历史背景下，乡村文化振兴就是要激活乡村活力，让乡村文化在现代文明体系中找到自己的位置，得以复兴和重建。振兴乡村文化，是通过发现、维系和恢复原有的生活方式、情感方式、文化心理、价值观与世界观，使之与现代价值相嫁接、相融合，生长出新的价值。只有依托乡村自身、依靠农民自觉行动，才能激发农民自尊自信，挽回乡村衰败的局面，塑造适应现代社会、具有内在动力的乡村文化。

以社会主义核心价值观为引领，运用人类社会所创造的一切优秀文化成果来熏陶、教化人，实现敦风化俗、以文化人。让社会主义核心价值观深入人心，文化引领至关重要。抓好文化落地生根，是乡风文明建设的关键。

乡村文化振兴，不仅要建设施、场所，配置文化资源，组织开展丰富的文化活动，还要传承传统文脉、美德，让优秀文化基因融入时代迈进的新鲜血液。

乡村振兴，关键在人。乡村有人，活力自来。乡村振兴有了文化和道德滋养，更有底气和后劲。实践表明，乡村文化振兴是乡村振兴的重要路径，推动乡村文化振兴将极大助推乡村振兴战略实施，但是同时，这个过程是漫长的，需要久久为功、坚持不懈地做下去。这就要求我们以习近平新时代中国特色社会主义思想为指导，坚持正确的发展方向，创新思路，不断开拓，扎扎实实推动乡村振兴的实施。乡村有变，凤凰自来。在乡村振兴中通过大力推进宣教创新、环境创新和制度创新，以变求变，以变促变，变乡村资源长期“出超”为人才、资金、技术持续“入超”是可期的，游子归乡、能人返乡、贤人下乡，将有力促成乡村振兴战略落地生根，美丽中国的实现指日可待。

编著者

2019 年 9 月